Fils de
De Gaulle

Les impliqués
Éditeur

Fondée en 2014, notre maison d'édition se consacre à la publication d'ouvrages relevant de divers domaines : littérature, récits personnels, premiers romans et nouvelles, essais en sciences humaines, religion, économie, etc.

Les impliqués ont pour vocation de publier, après sélection, les manuscrits qui leur sont confiés. Ils proposent ainsi aux auteurs de faire de leur projet d'écriture une réalité et d'éditer, après une réelle collaboration avec eux, leur ouvrage issu de leurs souvenirs, de leur imagination, de leurs rêves, de leur recherche ou encore de leur travail.

M'Rabih Rabou Cheikh Bounena

Fils de De Gaulle

Du nomadisme à la modernité

Les impliqués
Éditeur

Les impliqués
Éditeur

5-7, rue de l'École-Polytechnique – 75005 Paris
www.lesimpliques.fr
contact@lesimpliques.fr
ISBN : 979-10-428-1187-7
EAN : 9791042811877
Dépôt légal : avril 2026

Pour l'envoi de vos manuscrits : voir à la fin de cet ouvrage

SOMMAIRE

AVERTISSEMENT

Ce livre a fait l'objet d'une édition frauduleuse par les éditions « Muse » qui n'ont reçu ni l'approbation ni l'autorisation de l'auteur. Par ailleurs, la version publiée n'est pas la version finale revue et corrigée par l'auteur.

ATAR

Comment vais-je me raconter et essayer de rendre compte de l'évolution de mon pays, la Mauritanie, sur ces cinquante dernières années ? Je me suis souvenu du conseil d'une mère à son fils qui voulait conter les conquêtes du Prophète Mohamed PSL. « Je ne sais par où commencer », lui dit-il, tenant sa tête courbée entre ses mains. « Commence par le commencement », lui répondit-elle. Alors, il débuta l'écriture : « la première conquête du Prophète… ».

Je commencerais, moi, par mon premier souvenir.

L'habitat

Je n'ai que des souvenirs parcellaires d'avant notre installation à Atar. Nous vivions dans un campement des Ehl Mohamed Salem, mes oncles maternels. Il y avait là Tfeilouha, Maimouna, ma mère et Chellah, la cadette des trois sœurs. Leur frère Bamba n'était pas présent, il devait être à l'internat de l'école primaire. Le campement s'était fixé autour d'un puits cimenté où s'abreuvent les troupeaux et même quelques animaux sauvages. Ainsi, un matin de très bonne heure, nous vîmes une autruche boire dans les flaques d'eau laissées par le passage des troupeaux. Alors que nous l'observions, un jeune homme sortit doucement de la tente et fit un bond par-dessus le puits pour attraper l'autruche ; il réussit à saisir les jambes de l'imposant oiseau, ils luttèrent un bon moment et l'homme finit par casser une jambe de l'animal.

Un autre souvenir est celui des tornades ; celles qu'on appelle « zeâveiga », le tourbillon, sont les plus courantes ; elles ne mesurent que de quatre à cinq mètres de hauteur et leur diamètre peut rarement être supérieur à deux mètres, mais elles étaient tout de même craintes, surtout pour leur capacité à transporter des djinns ou autres choses indésirables. D'ailleurs, on implorait la baraka du prophète « Jenbi, Jenbi, Khaimitna Viha Ennabi », écarte-toi, écarte-toi, le prophète est sous notre tente. La petite tornade qui s'abattit un jour sur le campement transportait plus d'une dizaine de serpents particulièrement dangereux qu'on appelle « Vlij », des crotales (?) Heureusement, le tourbillon les a étourdis et nous n'eûmes aucune difficulté à les achever et à les jeter très loin des tentes.

Les scorpions étaient légion, j'en ai fait des alliés. J'en attrapais un et le présentais aux femmes du campement en faisant du chantage, « un morceau de sucre, sinon je lance sur vous le scorpion ».

Peu à près, nous avons quitté la vie nomade pour nous installer à Atar où Bamba venait de terminer ses études.

La batha est le lit de l'oued. Dans mon souvenir, elle a toujours été d'un blanc immaculé et personne ne s'aviserait d'y jeter des ordures. Elle véhicule, en effet, l'eau dont les populations ont tant besoin et même à sec, de petits puits y sont creusés à la poursuite du peu d'eau qui s'enfonce dans ses entrailles. Elle séparait, à l'ouest, la ville Atar des campements précaires de Bédouins sédentarisés et candidats aux potentialités que pouvait offrir la ville.

Nous nous sommes installés à l'ouest, séparés de la ville par la Batha. Derrière nous se trouve le plateau qui, de Ndtarazi, la passe qui conduisait à l'oued Teyarett, descendait doucement vers nous. C'était un espace pierreux sur lequel ne poussaient que quelques arbustes épineux et du cram-cram à la piqûre insoutenable. À l'époque, les chaussures étaient un luxe, et il m'arrivait de voir des hommes dont la plante des pieds était tapissée de cram-cram qui finissait par leur servir de semelles.

Notre habitat se composait de deux cases et d'une grande tente sous laquelle nous habitions, ma mère, mon frère et moi-même. Mes deux tantes occupaient les cases dont l'une, plus vaste, servait aussi de salon public. Quant à mon oncle qui avait reçu quelque instruction française, il est parti chercher un emploi à Saint-Louis (N'Dar) alors capitale de la Mauritanie. À l'ouest de notre tante se trouve la cuisine, un simple foyer alimenté par le bois ; il était à l'abri d'une haie de « tourja » (arbre à soie) pour empêcher le vent de pousser des étincelles vers l'habitat. Les ustensiles sont rudimentaires ; une grande marmite en fonte, une grande assiette dans laquelle tous mangeaient ensemble, une ou deux calebasses de « yaddta » (ptérocarpe) ou « adress » (myrrhe africaine) où se servait le « zrig », mixture sucrée de lait caillé et d'eau très fraîche tirée de la « guerba », une outre en peau de chèvre. Il y avait l'indispensable « R'ha », meule artisanale composée de deux pierres rondes, la supérieure grâce à un bras en bois planté dans une ouverture tournait sur l'autre et écrasait les grains introduits par une autre ouverture. Les ustensiles modernes comme l'indiquent leurs noms sont arrivés plus tard avec la colonisation. C'étaient le « Bot », le pot, boite de conserve cylindrique dont le couvercle a été enlevé, le « car », pot doté d'une hanse dont la contenance correspondait à un quart de litre, la « jira », la jarre en fer émaillé qui remplacera bientôt nos calebasses traditionnelles, etc. N'oublions pas le couteau pliable, 108 « stainless steal », apanage des hommes que son propriétaire sortait fièrement, après s'être fait prier, de la gaine attachée à son pantalon.

Le mobilier est tout aussi sommaire, un « emechaqeb », sorte de baldaquin rustique en bois posé sur quatre pieds renforcés par deux entretoises se croisant en diagonale et sur lequel sont posées deux « taziyaten ». Renversé, il pouvait être fixé sur le dos d'un chameau pour transporter plus confortablement femmes et enfants. Les « taziyaten » sont deux sacs ronds en cuir de vache servant de fourre-tout, habits, thé, sucre, viande séchée, etc. Les miroirs, peignes et autres objets de toilette comme le khôl sont posés bien en évidence pour montrer l'aisance de la famille. Les miroirs, les peignes et une bouteille de parfum « rêve d'or » hassanisé en levedour, étaient des musts de toute dot qui se respecte…

Pour en finir avec le mobilier, citons les indispensables nattes, celle d'azaran, celle de erâaid et de m'rekbe rehaussées, chez les foyers aisés, de « leksa » et « zarbiya » en poils rêches de mouton provenant su Maroc. Il faut ajouter l'indispensable « varou » couverture en peau de mouton qui pouvait mesurer quatre mètres sur deux mètres ; toute la famille s'en couvrait durant les nuits glaciales de l'hiver.

Notre voisinage était composé de cinq familles. Il n'y avait pas d'hommes, ceux-ci, prisonniers d'une transhumance redondante, sont restés auprès de leurs chameaux. Et les femmes se languissaient d'eux, tandis que les jeunes filles rêvaient en plantant une crotte de chameau bien ronde sur un bout de bois pour imiter le sexe de l'homme.

Les garçons jouent à cache-cache ou à « talbat », sorte de jeu de quilles où il s'agissait de faire tomber les murs de l'ennemie (un voisin du cricket) ou à « koura », jeu proche du base-ball, où il fallait envoyer sa balle le plus loin possible de sa base et éviter qu'elle soit interceptée en vol.

Les petites filles jouent avec des poupées, véritables œuvres d'art composées d'un cou provenant du fémur d'un cabri sur lequel est posée une tête tressée de longs cheveux noirs ornés de petits coquillages. Ce cou est supporté par un corps imitant une femme assise représentée par un tissu arrondi rempli de sable ou de chiffons pour lui donner la stabilité.

C'est dans ce campement que pour la première fois, j'ai vu un français, et même plusieurs, qui venaient administrer un vaccin contre la variole. Malgré mes tentatives d'y échapper, ils avaient l'argument ultime, des bonbons. En échange, j'obtins deux cicatrices rondes sur mon bras droit qui finirent par se cicatriser après trois semaines durant lesquelles je mangeais leurs croutes chaque fois qu'elles séchaient un peu.

Mes mamans

La vie était douce et insouciante et le seul interdit était la nage quand l'Oued coulait, car les eaux pouvaient rapidement emporter tout imprudent. Malgré tout, j'ai appris à barboter et à nager, sous le regard attentif et craintif de mes mamans avant même d'apprendre à marcher.

Tfeilouha, l'ainée ne s'est mariée que brièvement ; en fait, la mission qu'elle s'était donnée était de veiller sur l'homme de la famille, son frère Bamba. Ma mère Maimouna était une femme intelligente et instruite et avait l'avantage d'avoir eu deux enfants d'un mariage éphémère, mais prestigieux avec un Cheikh, mon père, petit-fils du grand Cheikh Malainine. Chellah, la cadette était une belle femme grande et élancée, avec une peau albâtre, elle se maria deux fois ; elle eut deux enfants, des demi-frères. Orphelines et sans fortune, mes mamans ne constituaient pas un bon parti et le reste de leurs vies fut consacré à leurs enfants. Ma mère et Tfeilouha ne désespéraient cependant pas de remarier, encore une fois la cadette ; elle la gavait d'une pâte composée d'arachides et de dattes pilées. Une femme plus en chair avait plus de chance de trouver un parti…

Il m'arrivait souvent de rester seul une bonne partie de la journée, servant en quelque sorte de surveillant du domaine et jouissant d'une liberté de maître.

J'étais curieux de tout, et en particulier ; d'une lampe-tempête qui avait le pouvoir d'éclairer la nuit. Mais pouvait-elle s'allumer le jour ? Profitant de l'absence des adultes, je tentais de l'allumer, mais la mèche est trop courte, comme j'ai vu faire, j'en augmentais donc la hauteur. La lampe était suspendue trop proche des pans de la tente et celle-ci s'embrasa. Les premiers sur les lieux furent les blanchisseurs. Installés sur l'autre versant de l'oued, juste en face de nous, ils avaient vu le début des flammes. Ils accourent donc avec leurs seaux tentant d'éteindre le feu et surtout d'éviter qu'il ne se propage aux cases. Une heure plus tard, le feu était circonscrit, mais la tente n'était plus utilisable. Ma maman arriva en haletant, elle était allée au marché, elle me prit brièvement dans ses bras, puis se détourna, je crus entendre un sanglot de soulagement. Deux mois furent nécessaires pour en confectionner une autre, grâce notamment au système de « touiza » qu'on peut traduire par entraide. Les femmes du voisinage aidaient à coudre et les rares hommes de passage jetaient une pièce d'une ouguiya (5 FCFA). Un Français donna même vingt-cinq francs. Il revenait, lui, et sa patrouille du plateau d'où il surveillait d'éventuelles incursions de « Jaich Ettehrir », le mouvement local de libération.

Mon statut de « surveillant » me fit voir une scène curieuse, un homme et une femme enlacés et prisonniers d'une longue lanière de cuir qui les entourait presque complètement du cou aux chevilles. Apparemment, il s'agissait d'un cas d'adultère ; la jeune femme avait été accueillie chez nous quelques jours plus tôt. Je ne sais pas qui les a surpris, ils devaient probablement être plusieurs pour les attacher ainsi. Nous ne les revîmes plus.

Une autre scène montrait trois femmes entourant une jeune fille couchée sur le dos ; deux d'entre elles la maintenaient par les épaules. La troisième, ma mère, assise entre ses cuisses, introduisait une aiguille dans son vagin ; je compris bien plus tard, qu'il s'agissait d'une opération d'avortement.

J'eus, moi aussi, droit à mon opération chirurgicale. J'avais une sorte d'excroissance entre les omoplates, connue sous le nom local de « jrana », grenouille. Un jour, Tfeilouha m'intima de me mettre à quatre pattes, elle prit une lame de rasoir qu'elle chauffa jusqu'à ce qu'elle devienne rouge et d'un mouvement vif trancha la grenouille : il n'en resta aucun bout, je ne ressentis aucune douleur et aucun sang ne coula.

Ma mère est une femme étonnante. Elle est loin d'être belle, son visage semblait taillé à la serpe, ses joues étaient creuses, ses pommettes saillantes et ses yeux rapprochés. Dans sa bouche de longues incisives se chevauchaient presque et sur sa joue gauche ressortait un grain surmonté d'un petit poil. Mais elle avait un sourire étonnamment doux et agréable en plus de posséder une personnalité incroyable et une intelligence qui l'est tout autant. Elle récitait par cœur le Coran, connaissait tous les poèmes, dictons ou proverbes en langue arabe ou en Hassanya qui appartiennent à la culture locale. Elle ne se séparait presque jamais de son « meswak », brosse à dents traditionnelle en bois de « atil », un mérua fraichement coupé. Ma mère chiquait, aspirant le tabac par le nez, puis se mouchait bruyamment entre ses doigts qu'elle essuyait ensuite sur un mur. À l'époque beaucoup de femmes chiquaient, c'était, soi-disant, une prévention contre la grippe qu'on disait très mortelle. Les hommes, quant à eux, fumaient la pipe ; celle-ci est issue du fémur d'un cabri ou d'une biche. Leur tabatière est une sorte de sac très fin comprenant trois poches, une pour la pipe, une autre pour le tabac et la troisième contenait du silex et du coton servant de briquet.

Mon papa

Mon père était un homme petit, mais d'une très forte constitution. Il avait toujours un turban entourant toute sa tête, ne laissant apparaître de son visage que ces yeux. Il avait une moustache rejoignant une barbe blanche toujours bien taillée. C'était un savant réputé qui avait écrit un précis de succession intitulé « Atterike » (l'héritage) qui était enseigné dans toutes les universités musulmanes y compris au grand Al Jamâ Al Azhar du Caire. Il habitait deux endroits différents, Edebaye (se dit d'une banlieue où habitent en général les affranchis), du côté ouest de la batha avec sa première femme, ses enfants aînés et leurs esclaves, apports de sa femme…

En ville, il logeait dans une énorme maison à étage, sise Brezet Aghzazir, une grande place dégagée. Cette maison était un don des Français à son père qui s'était rallié à leur cause, estimant sans doute, que la résistance prônée par son père à lui, Cheikh Malainine était désormais vaine. Il y passait sa journée à vaquer à ses affaires et à recevoir ; la maison était tenue par une famille d'esclaves libres, car leur maman a été la concubine de mon grand-père. Ils vivaient au rez-de-chaussée dans un couloir évasé. Mon père s'installait à l'étage dans une grande pièce donnant sur la place et parfois, durant les chaudes journées, il occupait les vérandas exposées au vent. Mon père avait deux frères et trois demi-frères ainsi qu'une demi-sœur, fille de la concubine de mon grand-père ; elle vivait avec lui dans la maison et il la chérissait plus que tout.

C'est dans la pièce principale, à l'étage, que j'ai vécu la scène la plus traumatisante de ma vie. Je fus attiré par des cris insoutenables et je vis un de mes frères littéralement piétiner une des esclaves (de celles qui vivent à « Edebaye ») avec une force et une sauvagerie incroyables ;

elle aurait, soi-disant, manqué de respect à sa femme. J'avais l'envie de lui sauter dessus, de m'interposer, mais je restais là, statique et honteux…

Un jour, mon père reçut un courrier recommandé et s'écria plein de fierté devant ses amis « ray coumande » ; cette « hassanisation » de l'envoi permettait de mettre en exergue la fonction de commandant du cercle de l'Adrar (coumande) et par là même valorisait le pli et son destinataire. Le pli lui demandait de se rendre au Hodh Echarqi pour éteindre le conflit qui a surgi en 1964 entre Ehl Cheikh Mohamed Vadel (notre famille) et les Kounta, une des plus grandes et estimées tribus du pays.

Notre maison en ville

Plus tard, mon oncle revint de Saint-Louis. Avec le quelque pécule qu'il avait gagné, il put s'établir comme « tablier », sorte de marchand ambulant transportant sa marchandise sur une petite table qu'il attachait à son cou avec des ficelles. Il déambulait autour de la grande place, criant encore et encore « cigarettes, allumettes, bonbons ». Ma mère et ses sœurs ponçaient des coquillages pour en faire des objets de parures très prisés et parfois coiffaient des femmes à l'occasion de mariages ou autres festivités.

Il acheta une maison dans la ville, même si elle n'était qu'au bord de l'autre versant de la batha, juste derrière la digue de pierres (Errabt) érigée pour protéger la ville des crues. Chaque bloc de cette digue était constitué de six mètres cubes remplis de pierres enserrées dans une chape grillagée. La digue allait petit à petit disparaître, victime des enfants qui coupaient le grillage pour en faire des roues de voitures miniatures et des hommes qui en prélevaient les pierres pour les constructions. Mais cela, c'était après le départ des Français…

La maison possédait une chambre commune au nord avec des fenêtres montant à partir du sol, censée laisser passer le peu de vent rafraîchissant venant du nord. Elle servait de séjour, de chambre à coucher et de salle à manger. Deux chambres étaient situées au sud, l'une servait de chambre d'hôte, l'autre de chambre de stockage et un « knif », lieu de dépôt des aisances. Le « knif » est un lieu ingénieux ; il ressemblait à une chambre dont le toit était composé de quatre troncs de palmier séparés d'une dizaine de centimètres. Celui ou celle qui voulait se soulager montait sur le « knif » par un petit escalier et s'asseyait sur deux des planches et laissait tomber ses excréments ; il ne pouvait détourner son regard de ce qui s'accumulait sous lui. Un soupirant de ma mère regardant vers le bas vit un grand vers de terre brun-roux. Sans s'essuyer, affolé, il descendit précipitamment, criant « un serpent, un serpent », nous ne le revîmes jamais. Le « knif » a une ouverture donnant sur la rue et quand on estimait que la quantité accumulée était suffisante, il est fait appel à un nettoyeur ; celui-ci est en général un hartani. Il débarrassait le « knif » par cette ouverture et recouvrait ensuite le produit de cendres qu'il avait collectées dans les cuisines des maisons alentour ; il laissait le tout sécher au soleil créant ainsi un engrais très riche qu'il vendrait aux propriétaires des palmeraies.

Atar et ses quartiers

Atar était à l'époque, avec Rosso, la grande ville pays. Elle abritait la garnison française et était le point de départ obligé des participants au « Mouggar », la foire de Tindouf, en Algérie. Sa principale économie est le palmier dattier des oueds alentour. La présence française a boosté le commerce et créé de nouvelles activités comme les boulangeries ou le transport, auparavant monopole de Lacombe. Des Mauritaniens ont pu acquérir des camions, comme Ould Meinadt, Lella, Ould Ali N'Diaye ou Ould Hamdinou qui s'exhibait fièrement au volant de son T47 neuf. Et pour cause, auparavant seuls les Sénégalais savaient conduire ces mastodontes !

Atar était divisé en quartiers de part et d'autre du rond-point, intersection des routes ouvrant sur chaque sens. À l'ouest Garn el Gasba, le plus vieux quartier aux rues étroites et tortueuses enserrant une mosquée faite de pierres superposées, sans liant, construite en 1674. À l'est Aghnemrit, ville nouvelle installée juste en dessous de la base militaire de l'aéroport. À l'extrême sud, Kenewal qui abritait autrefois la « Hilla », c'est-à-dire la cour de l'Émir. Et, à l'extrémité nord, M'barka wa Amara extension neuve de « Aghsécila ».

Au centre se trouve le marché, centre névralgique de la ville ayant la forme d'un carré entouré de boutiques. En son milieu se trouvent toutes sortes d'étals, indifféremment tenus par des hommes ou des femmes, entre lesquels se faufilent des sentiers tortueux et étroits. On y vend du tabac, des coquillages-parures, du sel, des dattes, etc. Au sud du marché, en face du rond-point, un bâtiment moderne construit par les Français abrite les bouchers (Aghzazir) afin de préserver un minimum d'hygiène. Ceux-ci débitaient essentiellement la viande de chameau en portion coûtant de 25 à 100 FCFA. Au nord du marché se trouvait le dispensaire, plus tard étendu pour devenir un hôpital. C'est là que la plupart des garçons ont été circoncis et c'est là qu'eut la première vaccination généralisée de TAB, un vaccin qui protège contre la fièvre typhoïde et les fièvres paratyphoïdes A et B.

Accolé à l'extrémité sud-est du marché, sont installés Ould Mory et les autres réparateurs et loueurs de bicyclettes. La bicyclette est le moyen de locomotion préféré de la population. On venait de tous les quartiers à bicyclette faire son marché ; on venait aussi vendre les maigres produits des cultures maraîchères, carottes, oignons, radis, salade, menthe, et en période de Guetna, des dattes. Et puis, il y a les véhicules desservant les oueds dont le plus emblématique est un six-six Power Wagon de l'armée américaine que possédait Ould Meinadt. Cette voiture était connue sous le nom de « Meinadta » en référence à son propriétaire. En période de Guetna, elle transporte les passagers et leurs mobiliers vers les oueds. Les personnes s'y accrochaient de partout et une masse de gens s'asseyait même sur le capot empêchant Meinadt de s'assurer de la route ; il se lançait alors en invectives « que Dieu brûle ton père, que Dieu brûle ta mère, écarte ta tête que je puisse voir… »

En face de l'autre côté du rond-point se trouvent un vaste espace de terre ocre qui sert d'aire de stationnement aux camions de transport intervilles et un terrain de football rudimentaire accolé au camp Le Coq.

Vers le sud-ouest se trouvent le tribunal, bâtiment blanc à étage, puis le gîte d'étape, escale des officiels français en mission. Séparée du gîte d'étape par une route allant vers l'ouest, la mairie, le mess des officiers et la maison du commandant de Cercle. Elle est accolée au camp des mariés, suivie et s'étalant d'ouest en est du camp Le Coq où se trouve l'état-major de l'armée.

Située au centre de l'Adrar, Atar est un carrefour qui relie, par la route impériale n° 1, le sud, de Rosso sur le fleuve Sénégal au nord à Bi-Mogrein, non loin de la frontière algérienne. Au nord, Choum est le lieu de passage du train minéralier Nouradhibou-Zouerate. Au sud-ouest, la ville minière d'Akjoujt est à mi-chemin de la capitale. La route traverse, en virages tortueux, les lacets de Mvarech où une plaque commémorant leur réalisation par le génie militaire français a été détruite par quelque « patriote » imbécile.

La passe d'Amogjar, à l'est, ouvre la route vers les villes historiques de Chinguetti et de Ouadane ainsi que sur l'étonnante structure de Guelb Errichat. Celui-ci grâce à son isolement dans le désert plat sert de repère à la navigation aérienne.

Atar et ses populations

Atar était une ville cosmopolite. Elle a été jusqu'à l'aube de l'indépendance une importante ville de garnison pour les troupes coloniales françaises dotée d'un aéroport international, d'une église et, paradoxalement, au début, d'une seule mosquée.

La population originelle d'Atar était surtout composée de Smacides propriétaires terriens, de Haratines, essentiellement métayers travaillant les plantations de palmiers et parfois maçons ou puisatiers. L'autre composante est celle des forgerons, maîtres du feu et de la couleur. L'origine des forgerons se perd dans la nuit des temps. Alors qu'au Maghreb, ces travailleurs d'art sont appelés artisans, en Mauritanie et en Afrique de l'Ouest, on les appelait « M'âalmine, sing. M'âallam » ; leurs femmes travaillent le cuir et fabriquent nattes et coussins, les hommes travaillent les métaux et produisent couteaux et autres accessoires de la vie quotidienne. Ils étaient si ingénieux que les Français ont dû leur interdire explicitement certaines créations comme les pièces de monnaie ou les fusils. On leur prêtait d'autres pouvoirs et ils suscitaient une certaine crainte mêlée de respect. On les disait, aussi, peureux.

Il y a aussi Teyzigua, les servants les plus proches de l'Émir. De leur teint blanc, on leur prêtait une origine européenne ; ils seraient descendants de Portugais échoués à la fin du quinzième siècle ou au début du seizième sur les côtes mauritaniennes.

Les Idechilli quant à eux ont toujours été une tribu indépendante, habitant les oueds principalement à l'ouest d'Atar, ils n'ont jamais eu de liens de vassalité avec l'Émirat se contentant d'entretenir leurs palmeraies et d'offrir à l'Émirat leur contribution à la bonne marche de son administration.

Très bizarrement, il y avait peu ou pas d'esclaves. À ce sujet, je dois raconter cette anecdote, un jour nous jouions à la belote et l'un d'entre nous ne cessait d'invectiver son partenaire « Eh ! Toi, misérable Ebeïd (esclave) pourquoi n'as-tu pas joué telle ou telle carte ? ». Notre quatrième, un jeune homme originaire de l'Est, était choqué par cette invective, mais n'osait pas intervenir, étant encore peu familier du groupe. Puis un jour, il s'emporta « pourquoi ne l'appelez-vous pas au moins hartani (ancien esclave devenu libre), il est plus blanc que vous ! ». Nous fûmes trois à éclater de rire ; en fait, le terme esclave ici s'appliquait à une tribu mauresque Abid Ehl Ethmane. Le terme (Abd) esclave nous était quasi étranger, alors qu'à l'est du pays, cette qualification est une insulte qui se lave dans le sang.

Il est vrai qu'à l'Est les populations sont très métissées avec les Peulhs et les Bambaras. On raconte qu'un jour, des Réguisât enlevèrent un adolescent qui jura par Allah qu'il était un Cherif (descendant du Prophète PSL), les Réguisât rétorquèrent laconiquement « Que la baraka de ton père fasse grimper ton prix ».

Avec l'arrivée des Français, Atar attira bientôt les populations de Chinguetti et Ouadane que la route impériale n* 1 avait exclues du nouveau champ de prospérité. Des Azwavit et des Oulad Besbaâ, importateurs de thé et de sucre arrivèrent depuis le Maroc. Enfin, une population de Noirs africains, soldats de l'armée française de toute origine, on leur donnait le nom de Mossi, vint grossir le nombre de « Lekwar », nom générique donné aux Noirs non arabophones. Les Mossis sont larges et grands et portent des scarifications sur les joues et le front. Pour empêcher les enfants de s'éloigner la nuit, on les menaçait du Mossi cannibale qui allait les enlever et les manger.

D'autres, comme les Sénégalais étaient mécaniciens, chauffeurs de camion ou « branti » (apprentis) ; les Guinéens, peuhls essentiellement, étaient surtout des couturiers.

Les deux notables les plus importants de la ville sont Sidi Ould Berrou, des Smacides, Cadi de la ville dont le pouvoir se résumait ainsi « même Ould Berrou n'y peut rien ». Le second, un Haratine de Oulad Besbaâ, du nom de Hammodi, affectueusement appelé Dehah. Son influence faisait dire aux gens « tu ris, alors que tu n'es pas le fils de Dehah ». Sa position est due à la confiance des Français qui l'ont chargé de leur approvisionnement local. Il eut la très sage qualité de ne pas se comporter en parvenu, mais de parfaitement s'intégrer comme membre et pilier de la communauté. Il était d'une très grande générosité.

Puis il y avait l'archétype du guerrier, Ahmed Ould Kerkoub, qui ne séparait jamais de son fusil. À son sujet, on me raconta cette savoureuse anecdote. Il avait demandé à plusieurs reprises à rencontrer le commandant du cercle de l'Adrar. Quand le commandant, accompagné de sa femme, le reçut chez lui, Ahmed resta debout sans rien dire, le commandant, agacé, finit par le congédier. Le lendemain s'adressant à son secrétaire, il lui raconta l'étrange comportement d'Ahmed. Celui-ci qui avait déjà reçu le compte rendu par Ould Kerkoub, raconta au commandant qu'Ahmed était venu demander une beyça (pièce de tissu de 10 mètres) et voyant que la robe de Madame le Commandant ne couvrait même pas ses mollets, s'était dit que quelqu'un qui ne possédait pas de quoi couvrir les mollets de sa femme n'avait certainement pas une beyça ! Le commandant, pris de fou rire, ne travailla pas de la journée. Le lendemain, il envoya deux beyça à Ahmed.

La ville ne comptait qu'un griot, son nom Jeich Laâma, c'est-à-dire l'aveugle. Il était éminemment respecté et bien que possédant sa tidinit (instrument de musique à quatre cordes), il ne se produisait et ne chantait pas, mais était le compagnon de conversation des notables de la ville. Une griotte habitait aussi la ville, une très belle femme, Nasarhallah Mint N'Geimich, surtout célèbre par ses amours qu'elle chantait par le biais du « Tebraâ », un mode lyrique réservé aux femmes. Elle était ma sœur de lait, car elle a été allaitée à un même sein que l'un de mes demi-frères.

Les fêtes, comme les mariages, étaient animées par les tam-tam et les chants de femmes Haratines aux sons desquels dansaient timidement les amies de la mariée et les témoins du jeune époux. Il y avait aussi « degdaga », une danse imitant un duel qui se pratiquait avec des bâtons, mais qu'un spécialiste local du nom de Kaza, boulanger de son état, a modernisé en remplaçant le bâton par un fusil.

Enfin, il y a El Kowry, l'Africain noir ; Abderrahmane, de son nom, était un des rares représentants négro-africains citoyen d'Atar. Je ne connais pas toute son histoire, mais il s'est installé dans la ville dans une très grande maison avec ses femmes, ses enfants qui seront mes promotionnaires à l'école et avec son élevage libre de poulets qui vagabondaient dans la rue et mangeaient tout ce qui présentait, du minuscule ver jusqu'aux crachats.

Abderrahmane était le spécialiste local de forage de puits. On lui doit notamment un puits portant son nom qu'il a offert à la communauté. Les deux autres étaient, Ould Yahya N'Diaye qui représenta la Mauritanie dans la communauté de l'Afrique-Occidentale française (AOF) et qui au moment de l'indépendance refusa sagement la fonction de Premier ministre que lui proposait la France, arguant qu'il n'était pas vraiment mauritanien. Enfin, le troisième Ould Ali N'Diaye dont le fils finira colonel de l'armée mauritanienne.

Parmi ces populations se trouve une catégorie assez particulière, les homosexuels. Ses représentants les plus connus sont Chbeiyih et Hamma : Chbeiyih avait l'habitude de se travestir en femme et ses amis se trouvaient surtout parmi les militaires français qu'il rencontrait au bar « la Croix du Sud ». C'est d'ailleurs à la sortie de ce bar qu'il fut blessé au bras par une balle tirée par des membres de Jeich Tahrir, lors de ce qui sera connu sous le nom de « Âmarat Atar », la fusillade d'Atar. On dit que Hamma avait plutôt une clientèle plus modeste de soldats africains. Ces personnes n'étaient ni poursuivies par la justice ni ostracisées par la population…

Les autres

Il y avait aussi quatre autres types d'habitants, les djinns, les sorcières, les conteurs et les jeteurs de sorts.

Les djinns sont des personnages occultes, attestés par le Coran, et omniprésents dans l'imaginaire collectif mauritanien. Leurs habitats de prédilection sont les décharges, les cimetières, les lieux déserts et venteux, les arbres à soie « Tourja » et les humains dont ils squattent le corps et l'esprit. Ces personnes devenaient folles et agressives ; on raconte que leur force était décuplée par quarante. Ould Boulhit, Ould Menna et Yeye sont nos fous les plus célèbres. Pour les empêcher de nuire, l'administration française a injecté à chacun des deux premiers une piqûre paralysante.

Ould Menna fut paralysé et restait enchainé devant sa porte et gare à celui qui s'approchait. Un lieutenant de notre jeune armée en fit l'amère expérience. Alors qu'il demandait son chemin, Ould Menna lui fit signe de s'approcher comme pour le renseigner, puis il jeta son bol plein de caca sur l'uniforme neuf repassé à carreaux du pauvre officier.

La piqûre ne paralysa pas Ould Boulhit qui s'échappait souvent pour aller exercer sa force sur de pauvres ânes ; il mettait sa main sur les naseaux de la bête et l'asphyxiait ainsi. Les propriétaires couraient vers l'animal, mais personne n'osait vraiment s'approcher.

Yeye n'était pas dangereux, il se plantait sur la place publique et apostrophait par une grossièreté les passants, « As-tu vu le vagin de ta mère » ? Puis il éclatait de rire et disait « c'est rigolo, n'est-ce pas ? ».

Mes expériences avec les djinns étaient, disons, risibles.

C'était la période de la « Guetna ». Après avoir joué toute l'après-midi avec mes amis, je décidais de rentrer avant le crépuscule. Je devais remonter la Batha, contourner le petit Terrant et remonter vers Tezzegrez. Les pluies abondantes, cette année-là, avaient fait pousser une miniforêt de « jerjir », le schouia, arbuste chétif et léger que le vent n'avait aucun mal à déraciner et à transporter ; le bruit de ces plantes glissant sur le sol n'avait rien de rassurant, d'autant plus, et c'est de notoriété publique, que les djinns utilisaient ces végétaux comme moyen de locomotion. J'entrais donc dans ce tourbillon en répétant inlassablement « bismillahi rahmani rahim » (au nom d'Allah, Clément et Miséricordieux) pour me prémunir des djinns. Je traversais le tourbillon et arrivais à un petit monticule de pierres, il commençait à faire sombre. Je savais que derrière ce monticule se trouvait le cimetière de Terwan qu'il fallait éviter, et puis, comme de juste, je me trouvais debout sur la plus grande tombe ; « bismillahi rahmani rahim » je ne sais pourquoi, j'eus l'idée de vérifier l'expression « ses cheveux se dressèrent sur sa tête ». Je posais ma main sur ma tête, mes cheveux tout hérissés se dressaient comme de minces piquets parcourus par un champ électrique. « Bismillahi... ».

Enfin, j'aperçus des lueurs d'une lampe et fus un peu soulagé, mais mon cœur battait encore la chamade. Je traversais Terwan et montais sur le plateau menant à Tezzegrez, j'accélérais le pas. Tout à coup un caillou me frappa sur la nuque, « bismillahi... », j'accélérais, un autre caillou suivi d'un autre puis d'un autre me frappèrent encore et encore. Je pris mes jambes à mon cou et une grêle s'abattit sur moi. J'étais à « Askin Wa Hdi » (Retiens-toi et reste calme) qui était un des abris privilégiés des Djinns. Je continuais à courir pour tout à coup freiner ; je venais de me rendre compte que mes sandales soulevaient ces petits cailloux qui m'agressaient...

Une autre expérience survint alors que je traversais la batha par nuit de pleine lune ; au milieu du parcours, je vis une personne debout qui semblait m'attendre, je me figeais et repris ma litanie de « Bismillahi... », le personnage refusa de bouger, son ombre s'étendait sur la batha immaculée. Il m'observait, toujours figé, j'attendis une éternité pour me rendre compte que l'homme immobile était un arbre à soie ou « Tourja ». Il faisait à tous cet effet-là. « Tourja », l'arbre à soie ou pomme de Sodome est l'arbre le plus commun en Mauritanie. Il suinte une forme de latex blanc, assez vénéneux...

Les « vampiresses » sont appelées Sellala, suceuses (de sang), on ne connaît pas de « suçeur » mâle. La « vampiresse » ne plante pas ses crocs dans le cou de sa victime, non, c'est son regard qui, par une mystérieuse alchimie, aspire le sang. Chaque fois qu'un enfant était pris d'une grande fièvre, ou de douleurs non diagnostiquées ou encore souffrait d'anémie, ces parents disaient qu'il a été « sucé ». La seule sorcière présumée à Atar était une vieille servante que son maître a chassée parce qu'elle ne servait plus à rien. Elle avait le désavantage de ne pas parler Hassanya, ni même aucune des langues locales. Elle faisait sans doute partie d'un lot de personnes vendues comme esclaves à la frontière du Mali. C'est elle qu'on accusait donc, dès qu'un enfant présentait ces symptômes ; elle avait planté, pour lui servir d'abri, au pied de la « dhelaâ » (le plateau) un bout de tissu sur des piquets ; il est probable que quelque bienfaiteur anonyme lui apportait à manger. En tout cas, soit par peur de l'approcher, soit par quelque mansuétude, elle vécut tranquillement dans cet abri jusqu'à sa mort.

Quand un enfant avait une fièvre inexpliquée ou était anémié, on dit qu'il a été sucé et on faisait alors appel à un Hejjab (un exorciste) ou un cheikh. Mon père, Cheikh Bounena, avait le don de guérir ces « sucés » comme il pouvait, aussi, identifier la suceuse. On raconte qu'il a été appelé à Yagherv, le principal bassin-versant de l'Adrar, cultivé durant l'hivernage, afin d'identifier une sorcière. Il alla s'installer seul à une certaine distance de tous les habitants réunis et demanda que personne ne l'approche, à moins d'être appelé ; au bout d'un moment, une femme commença à s'agiter et se leva, « Cheikh Bounena m'a appelée, il m'a appelée, je vous le jure, il m'a appelée », et elle courut vers lui. Personne n'avait rien entendu et tous conclurent qu'elle était la sorcière. On raconte que son frère ainé la fit monter sur son chameau et, loin des regards, l'a tuée d'une balle de fusil.

Le conteur est le transmetteur de valeurs morales. Les personnages sont souvent des animaux et l'hyène est un personnage central. Deux brèves histoires illustrent les défauts qu'il faut éviter. Il faut ici saluer le travail de mémoire du journaliste et écrivain M'Bareck Ould Beyrouk, journaliste et écrivain, qui a compilé plus de 1200 contes traditionnels.

Affamée, l'hyène ne savait où donner de la tête ou à qui s'adresser pour atténuer la faim qui le taraudait. Et, miracle voici qu'au sommet d'une dune un morceau de viande, sans doute tombé des bagages d'une quelconque caravane, semblait lui sourire. Il ferma les yeux, les ouvrit, les écarquilla, le morceau de viande est toujours là. Prudence, se dit-il, qu'il ne s'échappe surtout pas ! Fermant les yeux de crainte d'attirer l'attention de son prochain repas, il se mit à glisser furtivement vers son miracle et croyant l'avoir atteint, il plongea la main et ingurgita une poignée de sable. Il rouvrit les yeux et, Allah est généreux, un autre morceau de viande. Il reprit son approche furtive et de nouveau plongea sa main et ingurgita une autre poignée de sable. Le miracle est toujours là et le dernier morceau de viande, se dit-il, semblait le narguer. Mais il n'avait plus faim. Le péché de gourmandise.

Celle que les enfants aiment le plus est l'histoire des « filles de N'gueremach ». Elles étaient sept filles et n'avaient qu'un frère du nom de Heg Ezzain. L'année était une année de disette et Heg Ezzain partit chercher du travail dans une mine de sel où, lui dit-on, quelques mois de travail suffiront à le rendre riche. Chemin faisant, il rencontra un aigle dont l'aile blessée l'empêchait de voler ; il s'assit près de lui, le nourrissant et le soignant. Il continua sa route et rencontra une biche qu'une flèche a handicapée ; il s'assit près d'elle, la nourrissant et la soignant. Il continua sa route et rencontra un hérisson prisonnier dans un buisson d'épines, il le libéra, s'assit près de lui et le consola. Heg Ezzain finit par arriver à la mine. Les années passèrent et Heg Ezzain ne revenait toujours pas vers ses sœurs qui se languissaient de lui. Pendant ce temps, les animaux sauvés par Heg Ezzain chantaient inlassablement à l'adresse des passants « Oh ! Vous les passants, dites aux filles de N'gueremach que leur frère Heg Ezzain a été avalé par l'ogresse Mint Ech hab ». Mint Ech hab possédait la carrière de sel et celui qui s'y aventurait était saisi et fait prisonnier, condamné à travailler pour l'ogresse. En apprenant la nouvelle, les sœurs décidèrent de libérer leur frère. On disait que l'ogresse était mélomane, elles se munirent donc d'un « ardine » (instrument de musique à douze cordes réservé aux femmes), d'un luth, d'une flute et de plusieurs tam-tam. Ils parvinrent à charmer l'ogresse qui s'endormit. Je laisse le soin aux lecteurs d'imaginer le reste de l'histoire. La solidarité.

Parmi la population en général, il y a le jeteur de sort « Mouâyane » auquel il fallait dissimuler les enfants, les qualités, la richesse ou tout ce que pouvaient convoiter les autres. J'ai assisté à un jet de sort effrayant ; alors que nous nous promenions dans le désert des amis et moi, nous vîmes une Land Rover surchargée de bagages. L'un de nous demanda qu'est-ce que c'est et un autre lui répondit, « c'est l'arche de Noé » et d'un coup la voiture s'immobilisa, je passais non loin d'elle dix années plus tard, seul son toit restait visible, le reste disparaissait sous le sable. Notre ami, la comparant à l'arche de Noé, lui a jeté un sort. On raconte aussi qu'un homme excédé par l'attachement que sa fille portait à la voiture familiale l'apostropha ainsi « ton amour pour cette voiture est plus puissant que celui que la rouille porte au fer » ; sa fille tomba et se cassa la jambe. La force du mauvais œil vient de la justesse de l'image, de la comparaison. Après avoir rencontré un jeteur de sort, vous devez jeter des morceaux de sel dans le feu, leur éclatement est censé vous protéger.

Durant les mois de juillet à septembre, la population de la ville s'accroît considérablement. C'est la période de la Guetna, la cueillette des dates et des familles entières venant de régions avoisinantes s'installent dans les oueds. En particulier, ils se nourrissent de « leblah », les dattes non encore mûres, qui apportaient des éléments nutritifs absents de leur menu traditionnel qui est à base de lait et de bouillie de sorgho.

L'eau

Avec l'augmentation des populations et de la richesse qui permettait de nouvelles plantations de palmiers, le problème de l'eau commença à se poser avec acuité. Ce problème était visible pour tous ; ainsi, le puits d'Abderrahmane El Kowry dans lequel je puisais fut creusé de plus en plus profondément à grand renfort de dynamite, mais finit par s'épuiser. M'beyrka, une jeune esclave devait attendre la nuit pour qu'un peu d'eau s'y accumule afin de faire sa corvée d'eau. La pauvre, elle, ne faisait pas que de belles rencontres…

Une concertation entre les notables de la ville conclut que l'introduction de motopompes serait la solution. Le lendemain, le commandant du cercle de l'Adrar, la plus forte autorité civile convoqua Sidi Ould Berrou et Hammodi. Il les fit attendre pendant plus de deux heures dans son antichambre, ce qui était inhabituel. Les deux personnalités étaient, en effet, ses amis et il n'est pas rare qu'il s'invite au thé chez l'un ou l'autre. Quand il les reçut, il leur dit ceci « Je ne vous ai pas reçu rapidement, car je réfléchissais. On m'a rapporté que vous vouliez introduire des motopompes en Adrar. Si le “ventre” de l'Adrar contient de l'eau, ce pays sera plus riche que la France, s'il n'en contient pas, vous l'aurez tué à tout jamais ». Bientôt, l'absence de nappes phréatiques où l'eau est accessible fut patente…

Bilal, l'Américain était un vendeur d'eau ; il puisait du puits de Abderrahmane El Kowry et remplissait son fût, énorme barrique cerclée d'une capacité de cent litres, qu'il ramenait en ville en la faisant rouler sur le chemin, en dépit de petits écueils de pierres. Bilal était très fort et c'était mon idole, plus tard, me disais-je, je serais comme lui, « pourvoyeur d'eau ». Alors qu'il avait l'habitude de livrer cinq tonneaux par jour, il avait maintenant bien des difficultés pour en remplir deux. Bilal devait son surnom, l'Américain, à l'histoire suivante.

Les Français avaient créé l'aéroport d'Atar en mai 1925 et il avait été étendu et renforcé par les Américains en 42/43 pour soutenir les forces de débarquement en Afrique du Nord. Les Américains avaient d'énormes réserves de nourriture, et il leur arrivait souvent de jeter des aliments devenus impropres à la consommation ; ils les aspergeaient de poison, dit-on, pour empêcher les populations de les consommer. Mais, Bilal avait faim, comme d'ailleurs toute la population en cette année de disette. Alors, il s'empiffra de cette nourriture et dormit sur place pour se réveiller deux jours plus tard en très bonne forme ; depuis, il fut surnommé l'Américain.

La pénurie d'eau entraînait un creusement frénétique de puits, tous secs ; pour finir, l'eau fut amenée par camion-citerne depuis le puits de Ould Soueidi à une dizaine de kilomètres au nord de la ville et le prix du fût grimpa jusqu'à atteindre 1 000 FCFA. Souvent deux ou trois familles se partageaient un fût. La cuisine était faite grâce à l'eau saumâtre puisée à d'autres sources.

L'école

Nous ne manquions de rien, mais je devenais turbulent et dérangeais trop souvent ma mère et mes tantes. Mon oncle m'apporta donc à l'école, je préfère ce verbe à inscrivit, car il s'agissait plus d'un acte de débarras. Mais, c'était une expérience qui m'enchantait, « j'étais devenu grand ». Cependant, la première journée se chargea de me prouver le contraire. À peine la cloche sonna-t-elle que mon estomac s'insurgea et déversa tout son contenu liquide et jaunâtre sur mes habits tout neufs. Je rentrais à la maison en courant… mais je revins le lendemain et le surlendemain et tous les autres jours de l'année scolaire. L'année suivante, je rentrais au CP2. Le chemin de l'école était parfois pénible. En hiver, le sable et les pierres sont si glacials que vous aviez l'impression que la plante de vos pieds est traversée de mille petites aiguilles. En été, le sable est si chaud qu'il fallait sautiller et raser les murs en espérant un filet d'ombre sur lequel marcher ; non, nous n'avions pas de chaussures. La période la plus agréable se situe entre les mois de janvier et Mars où « El Marsiya », les pluies du mois de mars, légères et continues, venues du nord avec leurs nuages tempéraient l'air. Par milliers, les hirondelles venaient s'installer sur les lignes électriques. C'était un spectacle féérique, cependant, je ne comprenais pas pourquoi elles n'étaient pas électrocutées.

Plus tard, mon oncle fut recruté comme moniteur-enseignant et affecté à Akjoujt, une ville à 150 kilomètres au sud d'Atar, il s'y rendit donc, accompagné de deux de ses sœurs. Ma mère resta à Atar pour ne pas éloigner ses enfants de leur père et surtout ne pas constituer un poids supplémentaire pour son frère. Elle hérita en quelque sorte de la maison et continua son travail de ponçage et d'apprêtement des coquillages auquel vint s'ajouter, grâce à Dieu, le polissage de boules multicolores de « leillah » (caoutchouc) qu'elle travaillait pour les rendre bien rondes et brillantes.

Dans le quartier, elle se fit une amie et trouva sa demi-sœur ainée, fruit d'un précédent mariage de son père avec l'estimée famille Beyrouk des Tekna et la fille de celle-ci Seneya, qui avait son âge. Et surtout, elle fit la connaissance de Rabiâa, une Haratine dont le mari aisé tenait une boutique dans le marché central. Celle-ci devint sa plus proche amie. Il n'est pas rare que le soir, n'ayant pas préparé de repas, que Rabiâa nous apporte une portion de son succulent couscous ; en échange, ma mère lui enseignait les rudiments de l'Islam et quelques versets du Coran.

Nos voisins immédiats sont une famille de riches Haratines (les Dembaya) dont le fils avait un teint clair hérité de sa mère. Son frère par contre était noir et, comme on dit chez nous, « la femme enfante le teinturier et le tanneur ». Mohamed, c'est son nom, a construit une boulangerie brûlant au bois, et vendait le pain à tout le quartier. Chaque jour, nous sommes réveillés par la chute d'un pain encore chaud qu'il nous offrait en le lançant par-dessus le mur mitoyen. Un jour où il n'y avait pas école, je me levais pour chauffer de l'eau du thé et je vis sortir de l'escalier un serpent jaune-or qui se glissait le long du mur est de la maison, ma mère m'ordonna d'avertir les voisins et je courus vers les Dembaya et Mohamed m'accompagna. Le serpent entra dans une faille du mur ; pendant encore quelques minutes, son corps continua à glisser dans cette fissure ; bientôt les gens se rassemblèrent pour voir ce reptile improbable ; il devait bien mesurer trois à quatre mètres, mais n'avait que deux ou trois centimètres de large.

Ce serait un serpent-fouet, espèce qu'on trouve surtout en Australie. Finalement, Mohamed Dembaya suggéra de l'enfumer pour le sortir de son trou, les enfants s'en donnèrent à cœur joie en brûlant des morceaux de caoutchouc et à peu près tout ce qui leur tombait sous la main. Nous ne revîmes jamais ce serpent et une pointe de regret me traversa. On dit que ces reptiles domestiques sont non seulement inoffensifs, mais qu'ils sont aussi la matérialisation de l'esprit d'un aïeul protecteur et cela semblait d'autant plus vrai que dans le pays on ne connaissait pas de reptile semblable. Cette croyance est très ancienne, elle existait déjà chez d'autres civilisations. Plus tard, j'allais apprendre le décès de Mohamed Ould Dembaya. Alors qu'il récurait son four, celui-ci s'est écroulé sur lui. Paix à sa belle âme.

L'école primaire d'Atar a été à un moment le seul lieu d'enseignement au nord de Rosso. Elle était composée de deux rangées de bâtiment allongées nord-sud et comprenant chacune trois larges salles de classe disposant de deux portes monumentales et quatre fenêtres à double battant. Le plafond était haut. L'architecture était conçue pour aérer le plus possible les salles. En effet, durant la plus grande partie de l'année scolaire, les températures pouvaient excéder les 40 degrés !

Le directeur de l'école s'appelait Danzelo, c'est du moins comme cela que nous le prononcions. C'était un homme rougeaud, gras et joufflu, imposant, que ces enseignants craignaient et respectaient et dont les élèves avaient une peur bleue.

La plupart des enseignants étaient originaires de l'Afrique francophone, mais il y avait un Mauritanien du nom de Wane et un autre du nom de Haddaya. Et puis, il y avait Henri IV, ce surnom lui a été donné tant sa ressemblance avec le roi français, tel qu'il est représenté dans les livres, était surprenante. Il faisait office de moniteur arabe et surtout de surveillant. Au CP1, il devait apprendre aux élèves comment se servir de l'encrier et de la plume sans se tacher les mains et gare à celui dont les doigts recelaient ne serait-ce qu'une trace d'indigo ; il devait tendre les mains pour recevoir quelques coups de lanière bien cinglants.

Je suis entré à l'école avec mon cousin Nourou, fils de Chellah. L'école avait six niveaux du CP1 jusqu'au CM1 ; la sixième salle de CM2 servait aussi de bureau au directeur et aux enseignants. Mais, bientôt fut construite, un peu à l'écart, une salle supplémentaire destinée exclusivement au CM2. Sa construction à l'écart était sans doute voulue, les élèves devaient préparer les échéances plus importantes pour leur avenir, le concours d'entrée au collège et le certificat d'études primaire. Ce dernier pouvait déboucher sur un travail, commis de l'état, moniteur, interprète, etc.

Nourou n'avait pas la bosse de l'école et m'entraînait souvent vers le camp militaire où il pouvait laver les habits de soldat contre une pièce et surtout attendre la gamelle. À Midi, les soldats déjeunaient et leur repas terminé, ils laissaient leurs gamelles aux enfants qui n'attendaient que ça. Ainsi était l'école buissonnière de certains enfants d'Atar, qui étaient appelés les « gameliers ».

Le sort se chargea de me ramener vers l'instruction. Un jour, notre chemin croisa celui de soldats français qui revenaient de leur footing matinal accompagné de leur chien Arthur, une énorme bête dont le pelage noir miroitait sous les rayons encore doux du soleil. Nos mollets semblaient l'intriguer fortement et il ne cessait de les renifler. Nous, nous tournions en rond chacun tentant de sacrifier le mollet de l'autre, en implorant « d'un Monsieur, Monsieur » emporté par le rire des soldats. Le chemin des militaires passait devant l'école et nous entendîmes Henri IV nous héler, « vite, vite, j'allais fermer ». Nourou ne tenta plus jamais de m'entrainer vers l'école buissonnière.

L'entrée à l'école révélait plus du recrutement que de l'adhésion et les populations donnaient aux toubabs plutôt que leurs fils, les enfants d'esclave ou de métayers. Et, souvent, les recrues étaient âgées. Il faut dire qu'à l'époque, l'école était perçue comme source d'aliénation mettant en cause notre religion. Je me souviens qu'un jour dans notre classe de CP2, un homme fît irruption, hélant son fils, « Mohamed, Mohamed », la pauvre maîtresse tenta de s'interposer et le monsieur d'expliquer, Mohamed, nom de son enfant, « il boutig, il boutig ». Il voulait que son fils vienne tenir sa boutique avec lui.

Ma première enseignante, « Madame », femme d'un lieutenant et sans doute vacataire, était une jeune femme blonde qui a tout de suite fait de moi son chouchou. Elle m'appelait mon mignon, ce qui sans doute, du fait de son accent donna, aux oreilles des autres élèves, « Maitenon ». Je fus désormais connu sous ce nom de Maintenon et cela dura tout mon primaire. Son affection pour moi venait-elle du fait que j'étais le plus jeune de la classe ou que j'avais un look bizarre ? En effet, tous les enfants avaient une coiffure distinctive qui permettait de situer leur origine. Ma coiffure est connue sous le nom de « Groun Ehl Cheikh Malainine » (les cornes/tresses de…) et était constituée d'une touffe sur le front et de trois touffes séparées sur le haut du crâne. Il y avait le « tibib », longue bande de cheveux au milieu de la tête, particulière des Beni Hassan, puis une seule touffe de cheveux à l'avant pour les Zewaya ; la tresse, une touffe plus ou moins longue à l'arrière, c'est celle que portait Nourou (Ideybousat), etc.

La teigne était assez répandue et ma mère s'acharnait à guérir les quelques pustules que j'avais sur la tête. Elle tenta tous les remèdes qui pouvaient être proposés. Le shampoing avec le savon de Marseille et celui avec l'urine d'une femme qui venait d'accoucher qui faisait, semble-t-il, des miracles, il n'y a pas eu cette fois-ci. Et puis, le remède ultime, le badigeonnage de la tête avec la pâte d'arachides grillées ; celui-ci se révéla assez efficace, seul inconvénient, l'odeur persistante de l'arachide grillée que j'ai trimbalée pendant deux ans.

Cette abondance de la teigne s'explique, selon moi, par le fait qu'au contraire des Négro-Africains, les Maures n'ont que peu d'affinités avec l'eau. Alors que les Négro-Africains se lavent tous les jours et lavent leurs enfants (proximité du fleuve ?), les Maures craignent l'eau (sa rareté ?), à quelques rares exceptions, ils sont peu nombreux à faire des ablutions pour la prière. Après un repas, ils passent leurs mains dans leurs cheveux pour les faire luire ou sur leurs jambes pour enlever les pellicules avec la graisse restante. L'avantage d'avoir la teigne est que vous n'avez pas de poux.

Ceux-ci constituent, en effet, une préoccupation constante chez les Maures, hommes, femmes et enfants confondus ; une grande partie du temps de repos est consacrée à l'épouillage. La satisfaction de l'épouillé n'est complète que si un pou lui est présenté et qu'il entend le bruit de bois brisé, caractéristique d'un pou venant d'être écrasé sur l'ongle de « l'épouilleur ». Il y a aussi l'épouillage personnel ; il concerne les habits et surtout, le pantalon. Celui-ci est composé de cinq mètres de tissu regroupés en plis tenus par une longue lanière de deux mètres permettant de rétrécir la taille du pantalon à la ceinture de l'individu. Ces plis sont un refuge inespéré pour les poux. Une partie du temps des hommes est consacrée à ce nettoyage.

Plus joyeux est le chatouillement, il est pratiqué surtout par les garçons, il s'agissait de gratter doucement sous les aisselles ou sur des endroits sensibles pour déclencher un rire chez la victime. Mais ce jeu peut facilement virer à la torture quand plusieurs enfants retiennent un autre pour lui chatouiller la plante des pieds. L'évanouissement peut survenir, mais on dit aussi que cela renforce la résistance du cœur.

Le général de Gaulle

Cette année-là se produisit un événement majeur. Le Général C. de Gaulle faisait escale à Atar avant d'aller à Zouerate inaugurer MIFERMA, l'exploitation des mines de fer. La ville était en effervescence et tout ce qu'elle comptait de notables formait une rangée de boubous bleus et blancs et de turbans indigo, presque les couleurs de la France.

Puis de Gaulle s'arrêta devant l'établissement Lacombe. « Madame » m'avait soustrait aux rangs des élèves qui défilaient et à l'arrivée de De Gaulle me poussa vers lui. Le grand homme, je fais allusion ici à sa taille, me hissa sur son épaule et se dirigea vers l'école. Il entra en se courbant un peu dans une salle de classe. À cet instant, je ne pensais qu'à une chose, pourvu que je ne tombe pas… Je n'ai jamais cherché à savoir s'il existe une photo de ce moment-là, et je le regrette. Bien des années plus tard, je riais et paniquais en pensant, et si j'avais uriné sur de Gaulle suite à tous les sodas que « Madame » m'a fait boire…

La même année, de jeunes militants appartenant à « Jeich Tahrir » (l'armée de Libération souhaitant le rattachement du pays au Maroc) prirent pour cible des soldats français accoudés au bar la Croix du Sud. Depuis quelques semaines, un jeune homme, cousin de ma mère, habitait avec nous. Il ne parlait pratiquement jamais, avalait sa bouillie du crépuscule et disparaissait. Il était l'auteur des coups de feu et son acte commis, il se débarrassa de l'arme en la confiant à ma mère. Celle-ci l'enterra dans un coin de la batha où elle ne fut jamais trouvée. Deux jours plus tard, des gendarmes emmenèrent ma mère et sa tante Feiliha (complice de l'enterrement du pistolet). Elles seront interrogées deux jours durant puis relâchées. L'auteur du coup de feu fut capturé une année plus tard et condamné à la perpétuité. Il mourra à la prison de Beila à Nouakchott.

L'Indépendance

En 1960, le 28 novembre, la France remit son indépendance à la Mauritanie avec, à sa tête, Me Moktar Ould Daddah, Premier ministre. Assistaient à cette cérémonie, Michel Debré, Premier ministre français, Félix Houphèit-Boigny, président de la Côte d'Ivoire, Léopold Sédar Senghor, président du Sénégal et Léon M'ba, président du Gabon. Modibo Keita n'a pas fait le déplacement pensant avoir un contentieux frontalier avec la Mauritanie (contestant le rattachement des deux Hodhs à la Mauritanie).

À cette occasion fut créé un uniforme spécial, « Boubou Mauritanie » qui se composait de deux pièces blanches, une chemise fermée des deux côtés par des lanières laissant pénétrer l'air et un pantalon s'arrêtant, au-dessus des chevilles ; pas de chaussures, sauf pour ceux, peu nombreux, dont les parents pouvaient se le permettre. Nous avons défilé avec cet uniforme.

En 1961, j'ai un souvenir dont personne ne semble avoir gardé la mémoire, c'est la grève des militaires mauritaniens à l'occasion de leur incorporation dans l'embryon de la nouvelle armée nationale. Les salaires et avantages que leur offrait l'armée française étaient sans doute supérieurs à ceux promis par notre État embryonnaire. Ils s'étaient rassemblés dans le jardin (la Zeriba) de Mint Ejjid où les populations leur apportaient du « zrig » (lait caillé de chèvre, coupé d'eau et sucré) ainsi que quelques victuailles ; le mouvement dura deux jours. Sans doute un arrangement a-t-il été trouvé…

La tragédie des toilettes

Au CP2, notre moniteur s'appelait Bouleiba. C'était un jeune homme propre et beau, arborant sur son front une frange de cheveux noirs et brillants. On dit qu'il affolait les jeunes filles. Notre classe était dans la rangée est et j'étais assis à la première table. Fumer était à la mode et permettait, soi-disant, d'affirmer indépendance et virilité. Bien sûr, la cigarette était interdite et gare à celui qui se faisait prendre. Les élèves se cachaient alors durant la récréation dans les toilettes. Celles-ci avaient été construites et terminées juste avant la rentrée scolaire ; elles étaient surélevées et on y accédait par deux petits escaliers de part et d'autre, au nord et au sud. Les élèves s'y pressaient tellement pour fumer qu'un jour, les toilettes finirent par s'écrouler faisant cinq morts et une dizaine de blessés. Je n'oublierais jamais le corps de mon meilleur ami, Ould Ebbaba, que j'aperçus à travers la fenêtre de ma classe. Son corps était coupé en deux, une brique se trouvait au milieu de son dos. La nouvelle se répandit comme une trainée de poudre, les enfants renvoyés chez eux se réfugiaient dans les bras de parents affolés, venus aux nouvelles.

Je rencontrais ma mère en chemin, accompagnée de la maman de Ould Ebbaba ; celle-ci me demanda des nouvelles de son fils et avec la maladresse des enfants, je répondis, je crois qu'il est mort. Sa bouche s'ouvrit et elle tomba doucement, semblant se dissiper comme une volute de fumée.

Craignant la vindicte populaire, Danzelo se fit discret quelques jours, termina tout aussi discrètement l'année scolaire ainsi que la suivante et rentra définitivement en France.

Plus tard, je fus, sans doute pour des raisons économiques, inscrit à l'internat. L'expérience ne dura pas ; le deuxième jour, je me gavais de couscous, et peu avant l'aube, des gargouillis intenses de mon estomac me réveillèrent. Me hâtant de sortir, je ne pus atteindre que le couloir, où mon ventre dispersa son contenu dans la véranda, une partie souillant la tête de Ould Yedali, le surveillant général, et, bien entendu, ses habits. Ould Yedali avait laissé les quelques mèches des cheveux qui lui restaient s'allonger afin de couvrir une calvitie naissante. C'était un homme coquet, mais toujours célibataire. Auréolé de sa fiche de paye, il fréquentait, sans beaucoup de succès, les jeunes filles bien éveillées à soutirer l'argent sans contrepartie. De plus, et par-dessus tout, le pauvre, il était arabisant…

Chienne ou portefeuille

Puis, je vécus une aventure burlesque. Nous avions l'habitude, mes camarades et moi, de passer au sud de l'école et de bifurquer vers le nord en direction du rond-point. Nous passions entre la commanderie du Cercle de l'Adrar et les rigoles réalisées par les Français pour évacuer les eaux de pluie. Un jour que nous passions près des rigoles, notre aîné s'écria « Kalba, Kalba » et prit ses jambes à son cou. Nous fîmes de même. Et, au moment où nous nous dispersions chacun vers chez soi, je me rendis compte que nous avons fui « Kalba », et non « Kelba », chienne, qui, elle seule, pouvait être source de nos peurs. Et s'il avait dit « Kalba », portefeuille ? Cela valait la peine d'être vérifié. Je retournai donc à la rigole et tombai sur un portefeuille noir contenant 1 000 FCFA. Je pris l'argent que je me hâtais de dépenser dans des broutilles, dont un ballon.

Le lendemain, la police débarqua dans notre classe, direction le commissariat. Les policiers étaient munis de « sercaça », sorte de fouet rectangulaire en acier souple qui servait à l'origine à enserrer les caisses de thé. Il claquait en faisant « çççrr » d'où son nom. Nous fûmes soumis à un interrogatoire où les petites bêtes, serpents, scorpions et autres lézards en caoutchouc, censés nous faire peur, ne nous impressionnèrent guère. Ould Lekbar, notre aîné, raconta comment nous avons fui, puis je finis par dire la vérité et nous fûmes tous relâchés.

Les vacances arrivèrent et mon père informa ma maman que nous pouvions passer la Guetna à Tezzgrez où il possédait quelques palmiers, suffisant en tout cas pour nous. Pour établir notre campement, il fallait débroussailler et, à cette occasion, le hartani chargé de cette tâche sauta tout à coup dans un buisson et en ressortit avec dans sa main un énorme serpent dont il venait de couper la tête.

Enfants du Général

En mon année de CE1, il est jugé que la classe comptait trop d'élèves et donc, serait divisée en deux. J'eus la chance d'être dans la classe de Monsieur Wane, un instituteur sympathique qui semblait prendre à cœur sa mission. L'autre moitié échut à Haddaya, un homme violent et, à ma connaissance, seul un de ses élèves sur vingt-cinq, fut reçu plus tard au concours d'entrée en sixième.

Cette année-là, l'enseignement de l'arabe fut introduit. Bien entendu, il n'y avait pas d'enseignants professionnels formés, et le recrutement se faisait au petit bonheur la chance. L'administration dénicha donc un jeune homme, d'une tribu maraboutique qui savait lire et écrire l'arabe et qui présentait bien ; il culminait à deux mètres. Il s'appelait Iti. Malheureusement, il n'avait jamais pénétré dans une salle de classe ; le bureau du maître et les tables d'élèves lui étaient parfaitement étrangers. Il entra donc et s'assit sur l'estrade. La salle pouffa, puis éclata de rire. Il se leva alors et se dirigea vers le tableau noir, monta sur la chaise et fut obligé de se pencher, du fait de sa taille, pour écrire. Et, à cet instant, Danzelo entra, resta immobile un instant, comme pour évaluer la situation, puis se dirigea vers l'estrade. Il balaya de son pied la chaise et le pauvre Iti fit un vol plané. Je riais avec le reste de la classe, bien qu'un sentiment de honte m'effleurât. Désormais, la langue arabe semblait être quelque chose d'inférieur. Nous étions les fils du général de Gaule !

Moi, qui étais fils de cheikhs et de marabouts, moi, fils de deux familles qui avaient érigé le savoir en avantage comparatif, moi qui récite déjà le quart du Coran, moi qui connais par cœur les sept poèmes suspendus et étais incollable en grammaire. Moi, je trouvais tout ce savoir fade par rapport aux additions et multiplications. Je me délectais du premier cours de géographie, « les creux et les bosses forment le relief d'un pays » et même le « nos ancêtres les Gaulois » du cours d'histoire ne me rebutait pas, car aucun de nous, enfants, n'était ignorant de sa généalogie. Ce sentiment allait perdurer aussi bien chez moi que chez la majorité des autres élèves. Le français était devenu, sinon notre autre langue maternelle où, tout au moins, notre vecteur privilégié de communication.

Pourtant, ma maman n'a épargné aucun effort pour m'enraciner dans l'arabité. À l'âge de quatre ou cinq ans, elle m'inscrivit au cours du Coran, chez Mariam Mint Horma. Celle-ci avait une forte réputation de fermeté et laissait traîner une légende qui affirmait qu'elle possédait une malle pleine de scorpions dans laquelle elle enfermait les élèves récalcitrants. Après une année, j'écrivais mon propre cours du jour sur ma tablette et écrivais aussi les cours pour les élèves plus jeunes. Ma mère m'enseigna plus tard « Oubeidou Rabbihi » un manuel de grammaire et « Ibnou Âacher », un précis de religion. Et bien sûr l'incontournable poésie qui servait de test de grammaire « Iârab » (conjugaison). Mon père qui ne contribuait en rien à cette instruction s'en flattait devant ses amis en me faisant réciter l'un ou l'autre de ces textes. Ses amis manifestaient bruyamment leur admiration par force de « Ma Cha e Allah » (Gloire à Dieu). Certains me demandaient de citer des vers du poème suspendu de Amroou Al Qais ou de Lebid Ibnou Rabiâa.

Les jours s'écoulent

Mes frères Sidi Ethmane, Néma et moi avions un don pour les jeux. Nous excellions au ballon dans ce que les enfants ont nommé « exercice ». Il s'agissait de jongler de son pied avec le ballon et chaque bond était compté, nous arrivions souvent à cinq cents rebonds sans que le ballon touche terre. Mes frères conservaient le pied en l'air tout au long de l'exercice, moi, je n'y arrivais pas et je devais chaque fois poser le pied à terre ; mais je pouvais compter les rebonds tout en marchant, parfois sur plus de cent mètres. L'autre jeu est celui des billes qui a été populaire un long moment, Néma et moi écumions les quartiers et raflions toutes les billes jusqu'au moment où, notre réputation nous précédant, plus personne ne voulait jouer avec nous. Puis, il y avait la piscine de Hammodi dans un de ses jardins tenus par Ould H'mein Salem. Le coût d'entrée était de 10 CFA et nous nagions parfois jusqu'à quatre heures par jour sous l'œil bienveillant de Ould H'mein Salem.

Les années se succédèrent, à peine entrecoupées, de juillet à septembre, par la Guetna, la foire aux dattes, qu'Odette de Pigodeau a su si bien décrire. Puis vint l'année fatidique, le CM2, l'année du concours d'entrée au collège. Deux enseignants se succédaient pour améliorer nos chances d'aller au collège. René Vergès, le titulaire, métis d'une Mauresque de Kiffa et d'un Français, et Salem Val, directeur de l'école, imposant bonhomme originaire de Timbedra, à l'Est du pays.

Chacun avait sa méthode. M. Vergès commençait ses cours le matin en distribuant à chacun de ses élèves deux coups d'une règle plate sur les paumes ouvertes, pour les réchauffer, disait-il. Nous tendions volontiers nos mains d'autant plus que les coups n'étaient pas violents et que nous riions des cris et des pleurs de Ould Meunier dont les larmes commençaient à couler dès le coup donné à l'occupant de la première table, c'est-à-dire moi. Salem Val n'a frappé qu'un seul élève, mais il lui a porté plus de coups que n'a reçus toute la classe durant l'année. Alors qu'il était au tableau noir à écrire, il se retourna et surprit l'élève faisant des grimaces dans son dos. L'élève ne retourna jamais en classe, revint au Sahara espagnol dont il était originaire, devint plus tard un officier du Polisario et mourut malheureusement dans cet affreux conflit. C'était mon frère de lait, j'ai partagé le sein de sa mère… Je fus admis au collège et j'ai obtenu aussi mon certificat d'études primaires, ce fut aussi le cas pour Sidi Ethmane qui a choisi de devenir moniteur à Kseir Torchane.

Moi, commerçant

Parallèlement à mes cours, je devins à mon tour tablier ambulant. Ma maman avait, je ne sais par quel miracle, obtenu 1 000 FCFA et elle s'aida de son cousin Kaber qui travaillait dans l'épicerie (destinée aux Français) pour me constituer une table de vendeur ambulant. Le soir, je m'installais devant le Cinéma Maston avec ma marchandise de cigarettes, de chewingum Hollywood, et autres allumettes et bonbons. J'attendais le client, en général des militaires français qui venaient se distraire. Un soir, l'un d'eux m'acheta un paquet de Gitanes, des cigarettes françaises, mais il devait d'abord prendre son billet de cinéma afin d'avoir la monnaie pour me payer. Je le suivis, mais un couple barrait la porte. Je voulus passer entre les deux personnes, l'homme me gifla si violemment que j'allais valdinguer dans la rue, ma marchandise se dispersant partout. L'homme, Ould N'diaye de son nom, était le commissaire de police de la ville, une fonction bien étrange pour un forgeron, ce qu'il était. Mes camarades me permirent de récupérer ma marchandise intacte. Mais il est écrit que ce n'est que partie remise. Un week-end alors que j'étais installé à la gare des voyageurs, un homme m'aborda poliment, il était, dit-il, le boy du médecin qui l'a envoyé chercher un paquet de Lucky Strike en attendant qu'il prenne sa douche. Je n'avais malheureusement pas ces cigarettes américaines, sinon, je lui prendrais des Gitanes, dit l'homme. À onze heures, je me présentais à la porte du docteur et fus accueilli par les aboiements puissants d'un chien berger ; pas impressionné, je continuais à tambouriner et le docteur apparut, je l'avais réveillé ; après quelques amabilités, type « petit gredin », il m'expliqua qu'il ne fumait même pas. J'avais été roulé. Au commissariat de police, on m'expliqua que c'est un escroc appelé Elyat qui m'a trompé et d'ailleurs, il venait de passer sa nuit au commissariat après quelques larcins nocturnes, fin de ma carrière de commerçant.

Le collège d'Atar

Comme mon demi-frère Sidi Ethmane, je fus admis au concours. Comme le fut Ould Meunier, le pleureur, mon meilleur ami. Il devait son nom au fait que son père travaillait comme cuisinier chez l'adjudant Meunier qui gérait le mess des officiers. En fait, il s'appelait Mohamed Ould Hadj Moktar. Je me régalais chez lui de plats délicieux que son père rapportait du mess et je commençais même à lorgner sur ses sœurs… C'est par elles que j'appris que je n'étais pas beau, elles préféraient mon frère Néma, réellement beau et élancé. J'étais petit et chétif, dit-on parce que Néma m'a enlevé mon lait, car il est né seulement un an après moi. Le choix des sœurs Meunier ne me toucha pas plus que ça…

L'entrée au collège nécessitait de modifier notre âge, nous avions tous les deux dix ans, et l'âge minimum requis était de onze. Notre demi-frère aîné, Mohamed Bouya, se chargea de modifier nos âges en produisant un certificat du maire.

Cette année 1964 connut deux événements majeurs et étrangement liés. Le président mauritanien venait à Atar, sans doute saluer, pour la dernière fois, l'armée française qui allait quitter la Mauritanie. À cette occasion, il fut demandé aux femmes de porter des voiles bleus, une entorse incroyable à la tradition du voile de guinée de couleur indigo, le même porté quotidiennement jusqu'à ce que sa couleur se fane et prenne une teinte noire bleutée (d'où son nom « nila », bleu du Nil), cette comparaison peut être due aussi à la teinte que prenait la peau et le visage de femme portant une « melehva » neuve. Cette entorse à la tradition fit débat dans la mosquée des jours et des jours durant, les puristes la qualifiant de blasphème, mais ce qui était réellement en cause est cette nouvelle liberté accordée aux femmes qui pouvaient désormais montrer la coquetterie dans leurs habillements. Le « melehva » ou voile était un habit ample d'une dizaine de mètres qui enveloppait tout le corps. En dessous, les femmes ne portaient rien, les plus aisées, parfois une simple jupe, le haut du corps n'était dissimulé que par la « melehva » ; le voile était simplement noué par ses pans au-dessus des épaules un nœud qui pouvait se détacher facilement ; on disait alors « Dtartak ekhlalha », son nœud s'est brisé et on attribuait souvent cela à la présence d'un homme qui l'aurait regardé admirativement. Les robes n'existaient pas encore ou étaient trop chères et le soutien-gorge est inconnu.

Le cours complémentaire d'Atar fut plus tard transformé en collège et j'y poursuivis ma scolarité, sans briller, mais en étant toujours autour de la septième place et la cinquième place. La faute aux maths. J'avais toujours des notes inférieures à dix, une fois je suis reçu même un 3 sur 20. Pourtant, Dieu sait que j'aime cette matière. J'ai eu en troisième deux professeurs formidables. M. Sarr, en maths, relayé parfois par M. Sy Seck, le directeur du collège. M. Sarr me fit un jour un compliment que je chéris encore « Bravo, Bounena, tu as fait un bond de géant ». À l'examen final, j'avais obtenu ma meilleure note 13.5/20.

Par contre, j'ai toujours eu une excellente connaissance du français parlé et écrit. Un jour, j'écrivis dans une rédaction « il pleuvait comme jamais auparavant », mon professeur me corrigea en remplaçant auparavant par avant… Je n'objectais point, mais je savais que j'avais raison. Ma connaissance du français est due à ma lecture assidue de bandes dessinées de Miki le Ranger, à Rodéo, en passant par Zambla et Akim. Je n'étais pas attiré par les couleurs et n'appréciais pas particulièrement Mandrake. Cette lecture m'a aussi aidé en anglais, matière qu'enseignait Margarita Magagna, une Mexicaine, femme de M. Sy Seck et dont le port délié et la chevelure flottant au vent affolaient notre jeune puberté. Nous nous bousculions à son cours, le préférant ainsi comme deuxième langue à l'arabe.

ROSSO

Le voyage

À notre admission, en seconde, nous fûmes orientés vers le lycée de Rosso, sauf un, dont la maman a usé d'influence pour le faire admettre au lycée de Nouakchott. Et une jeune fille, Fatma Mint Soueidatt (Qu'Allah l'accueille dans son paradis), venue de M'barka wa Amara et qui de notre 6e à notre 3e a toujours fini première de la classe et première en maths. Fatma venait de chez elle à bicyclette, ce qui la rendait unique. Une femme à bicyclette ?...

Le voyage d'Atar vers Rosso est, à lui seul, une aventure. Munis de réquisitions, nous embarquions sur le T-cow (lire tikow) d'un T47, le camion de Lelle, direction Nouakchott. Le camion transportait des marchandises (dattes et orge), du mobilier (coussins en peaux de chèvres, couvertures en peau de mouton et nattes) sur lesquels se vautraient hommes, femmes et enfants mélangés. Plus les marchandises étaient nombreuses et donc hautes, et plus les passagers étaient exposés aux vents, l'harmattan qui brûlait les joues ou le vent d'ouest qui glaçait les visages. Le voyage se faisait à la fin du mois d'août, en plein hivernage. Un terrible orage nous surprit à Ain Ehl Taya où nous restâmes deux jours, attendant que la route soit praticable. Elle ne sera bitumée que trente ans plus tard. Nous fîmes escale à Akjoujt, bourgade perdue, manquant d'eau potable, mais mitoyenne d'une mine de cuivre que la compagnie française MICUMA exploitait. Puis, nous passâmes par Nouakchott, escale autrefois insignifiante, de quelques dizaines d'habitants, mais, déjà à l'époque, capitale de la Mauritanie avec ce que cela impliquerait plus tard comme afflux de populations.

Puis, toujours en camion, nous nous dirigeâmes vers Rosso à 206 km de là par une route sableuse dégageant une poussière cendrée, comme du ciment, qui collait à la peau et rentrait dans les yeux et les narines. La construction de la route bitumée ne commença qu'en 1968. C'est un voyage pénible, entrecoupé d'arrêts dus aux enlisements incessants du camion dans la terre meuble. Le voyage dura dix heures et nous n'arrivâmes qu'à minuit passé.

Notre groupe était composé de Mohamed Salem Ould Harouna dit S'neidry, notre athlète et protecteur, Nane Ould Khbbaz, l'arabisant, Mohamed Vall Ould Lekouiry, le touche à tout, Louleid Ould Hamady, le matheux, Abdoullah Ould El Kharchy, la voix, Yehdhih Ould Belkheir, le guerrier, Mohamedou Ould Michel l'Akjoujtois et moi-même, le littéraire.

« Legwareb »

Rosso (Legwareb = les pirogues en Hassanya) a été érigée sur la rive droite du fleuve Sénégal, dans la zone de l'ancien Royaume du Walo, issu de l'éclatement de l'empire du Djolof au XVIe siècle, et dont la capitale était Ndjurbel (ou Djourbel). D'ailleurs, le quartier est de l'actuel Rosso porte toujours le nom de Ndjurbel. Rosso a joué un rôle important à l'époque de la colonisation en tant que trait d'union entre la Mauritanie et Saint-Louis du Sénégal, capitale de la Mauritanie à l'époque coloniale. Ce fut un carrefour pour les échanges entre l'Afrique du Nord et l'Afrique subsaharienne à travers la route impériale n1. Comme pendant la période du royaume du Walo, Rosso est peuplé à l'origine par des Wolofs, Maures et Peulhs. Avec sa position de carrefour (commercial et militaire), d'autres populations du reste du pays et même d'autres pays de l'Afrique de l'Ouest s'y sont installées. Ce brassage des populations en a fait une photographie miniature du pays. Les Sénégalais et autres africains traversaient le fleuve vers la Mauritanie pour offrir des expertises que ce jeune pays en construction ne possédait pas. Les Mauritaniens, particulièrement les Maures blancs et noirs, traversaient dans le sens inverse amenant leur incontestable expertise dans le commerce de proximité au Sénégal, en Côte d'Ivoire et jusqu'au Gabon. Les Maures blancs tenaient les boutiques de marchandises usuelles, les Maures noirs avaient la haute main sur le marché du bétail.

Rosso s'étendait d'est en ouest le long du fleuve. Au nord se trouvait Satara, zone inondable et donc inconstructible. À l'est se trouvait Djourbel, un quartier séparé de Rosso par un no man's land d'un kilomètre. À l'ouest la plaine de M'Pourié et autres rizeries et en face de l'autre côté du fleuve, une bourgade appelée Rosso-Sénégal. Des pirogues et, plus tard un bac, relient les deux rives du fleuve plusieurs fois par jour, mais pas la nuit pour lutter contre la contrebande. Une large avenue poussiéreuse parcourait la ville d'est en ouest. Rosso était surtout peuplé de commerçants ou de personnes liées au commerce. À l'époque, tout l'approvisionnement du pays venait de Dakar et Rosso était le passage douanier obligatoire.

Lycée et mélanges

Le lycée lui-même est situé au nord-est de la ville et est bâti sur deux niveaux. Les dortoirs et le réfectoire sont accolés à la digue qui les séparait du Garak, un petit bras du fleuve. Ce lycée a longtemps été le seul du pays, mais ne possédait pas de classe terminale ; nos prédécesseurs devaient aller à Saint-Louis du Sénégal pour passer leur baccalauréat, avant la construction du Lycée de Nouakchott.

Nous étions sept Atarois très soudés. En plus des autochtones, Wolofs et Oulad Begnoug (dont l'origine disait-on remontait aux légendaires Bafours), il y avait des enfants de Boutilimit, de Kaédi et Bogué, de Sélibabi et d'Aioun El Atrouss.

Les gens de Boutilimit et de Mederdra étaient des personnes polies, instruites en arabe et poètes à leurs heures en Hassanya ; malgré les éloges dont ils couvraient les femmes dans leur poésie, ils étaient extrêmement pudiques.

Les gens de l'est sont fiers et susceptibles, mais d'une candeur qui frise l'innocence.

Les gens du fleuve sont surtout des agriculteurs, mais très fiers de leurs origines.

Chaque groupe était soudé comme nous, mais l'internat allait se charger de nous mêler et de nous faire apprécier nos différences, sinon les accepter.

À mon arrivée à Rosso, je possédais mille francs CFA en deux billets de cinq cents ; je possédais aussi une petite valise contenant un boubou, une chemise de rechange et 200 grammes de thé vert, n° 1147, la meilleure qualité et quelques kilos de dattes. Mes amis avaient pratiquement la même chose. Et, c'était largement suffisant pour tenir jusqu'aux vacances de décembre-janvier.

J'ai adoré l'endroit parce qu'il était beau et calme, propice aux études et côtoyait le cours d'eau de Garak.

Mon seul regret fut vite éteint. J'avais été versé en classe littéraire. Mais, quelques jours plus tard, Monsieur Milcent, professeur de maths, entra de notre salle souhaitant trouver des candidats pour rejoindre sa classe de C qui n'avait pas suffisamment d'élèves. Avec mon ami Michel, nous nous portâmes candidats et fûmes acceptés.

La proximité du Garak me permit de prendre un avantage précieux sur mes camarades. J'ai appris à pagayer et je savais nager. J'empruntais souvent la pirogue d'un habitant du village voisin qui un jour m'admonesta gentiment,

« alors jeune homme, tu veux devenir pêcheur ? ». Je répondis, sans me démonter, « non, Amiral ».

J'embarquais souvent mes amis à bord d'une pirogue pour explorer le cours d'eau et surtout l'autre rive sur laquelle étaient éparpillées quelques cases, abris précaires des paysans surveillant leurs champs ; nous, nous lorgnions sur leurs filles. Au retour, au beau milieu de la rivière, il m'arrivait de sauter de la pirogue, créant la panique à bord, afin d'obliger mes amis à désigner, de crainte d'être abandonnés, l'un d'eux pour la corvée du thé.

Bientôt, nous apprîmes à connaître les autres élèves et à tirer profit de leurs défauts, selon nous.

Aux pudiques gens de Boutilimit, il suffisait d'une grossièreté pour qu'ils se dispersent alors ou pour chasser l'un d'eux d'un repas ou d'une séance de thé, nous crions le mot « tina », vagin, et l'élève s'enfuyait en se bouchant les oreilles. C'est ainsi que nous avons chassé de notre table de réfectoire tous les guebli qui osaient nous y rejoindre. Bien que la table soit servie pour huit, nous n'étions que sept et voulions le rester.

Aux fiers, mais candides gens de l'est, nous prêtions une oreille intéressée à leurs histoires racontant principalement la noblesse de leurs ancêtres ; nous apprenions au passage que celui-ci avait dans sa valise tant de thé et tant de sucre, que celui-là possédait du « tichtar », la viande séchée de gibier ou de bovin. Le soir venu, nous nous servions modérément et le lendemain, prêtions une oreille attentive au plaignant qui se désolait qu'on lui ait dérobé quelque chose. Je ne crois pas vraiment qu'ils étaient dupes, mais ainsi chacun sauvait la face.

Avec Lekwar, nous partagions le goût du sport qui semblait étranger aux autres maures. S'neidry était un footballeur, un volleyeur et un basketteur hors norme. D'ailleurs, il était le capitaine des trois équipes du lycée. Les Lekwar étaient en général plus minces et plus grands que les Maures et leurs os contenaient plus de calcium du fait de leur nourriture essentiellement lactée. Je le sais parce que ma jambe a heurté celle de l'un d'entre et j'eus l'impression d'avoir été frappé par une barre d'acier rectangulaire. Les gens de l'Adrar peuvent avoir des carences en calcium, car ne possédant en général que quelques chèvres dont le lait est consacré au « zrig ». D'ailleurs, les enfants et surtout les femmes enceintes mangeaient de l'argile ou de l'ardoise pour pallier ce manque. Nous découvrîmes par hasard le défaut de Lekwar. Un soir, alors que tous dormaient, nous rapprochions nos lits et commentions à papoter en dégustant quelques dattes ; Sy nous apostropha véhément « taisez-vous et laissez-nous dormir, bande d'idiots » ; S'neidry attrapa une grosse boule de dattes et la lança sur sa moustiquaire. Sy s'écria « Allabonnima… », et alluma sa lampe torche. Nous n'entendîmes plus que le bruit des noyaux de datte tombant sur le sol carrelé. Les Lekwar raffolaient des dattes et par-dessus tout ils étaient nos semblables, l'internat a gommé nos différences.

La belote est le jeu national de toutes les ethnies du pays. Les élèves passaient leurs heures perdues à y jouer. Puis nous commencions à initier les autres élèves à d'autres jeux, en particulier d'argent, le 21 ou black jack où la plus haute main entre 14 et 21 gagnait ; nous utilisions des jeux de 32 cartes (du sept à l'as), les mêmes qu'à la belote. Les élèves des autres régions adoraient le poker que nous leur avons appris, et nous adorions les plumer, sans vraiment tricher. Tout ceci se faisait cependant en bonne entente.

Dicko à Rosso Sénégal

Ne nous manquaient que des filles ; la première fois que j'ai possédé une femme, c'était mon année de troisième ; c'était une professionnelle qui travaillait à la chaîne, un camarade de classe, bien plus âgé que moi, m'y a entraîné ; aussitôt son affaire terminée, ce fut mon tour ; deux minutes plus tard, elle m'éjecta. Je n'avais pas joui et mon sexe me faisait horriblement mal et restait debout.

Au lycée, je m'aventurais de l'autre côté du Garak et rencontrais un Peulh plongé dans ses livres arabes. Il me demanda d'où je venais et si j'étais de la tribu des Smacides et il me raconta que son ethnie et les Smacides étaient cousins, faisant sans doute référence à l'origine éthiopienne et yéménite d'une supposée émigration peuhle. Il me présenta gentiment sa fille ; nous nous installâmes sous un arbre ; elle était belle, avec un corps lisse, ambré et était borgne. Je l'ai fréquentée quelques jours sans jamais oser la toucher ou l'embrasser. Finalement, nous apprîmes par d'autres élèves qu'il existe un Dicko à Rosso Sénégal. Dicko est le terme qui semblait désigner un entremetteur ; il habitait une petite maison et s'installait dans une chambre qu'il avait séparée par un rideau derrière lequel ces clients pouvaient choisir une fille. Ces filles étaient en général des bergères venues vendre leur lait au village. La première fois que j'y suis allé, c'était avec Ould Lekouiry, deux jeunes femmes se présentèrent devant le rideau et Mohamed Vall en choisit une. C'était la plus présentable et il m'expliqua qu'il l'avait choisie en regardant leurs pieds. Celle qu'il avait choisie avait les pieds propres tandis que les pieds de la mienne avaient l'air de sortir de la boue. Nous prîmes l'habitude de revenir régulièrement.

C'est durant une de ces virées qu'un policier sénégalais me demanda une cigarette, j'étais content de lui offrir une des cinq mèches de mon paquet de Craven A. Je ne fumais pas vraiment, mais la cigarette semblait signe de maturité. Il prit mon paquet de cigarettes et m'informa que j'étais en état d'arrestation pour contrebande ; je fus conduit au commissariat et plus tard rejoint par quatre autres élèves. Nous devions payer chacun 1 000 FCFA, ou être conduits au tribunal de Saint-Louis pour être jugés. Je n'avais que 500 FCFA bien cachés dans la ceinture de mon pantalon et je pouvais bien passer toute l'année en prison, mes cent ouguiyas étaient sacrés. Nous nous installâmes dehors en face de l'officier de garde. La nuit tombée, sa femme lui apporta un gros bol de riz au poisson dont la seule vue nous fit saliver ; il commença à manger avec entrain et, à un moment, défit sa ceinture pour décomprimer son estomac et continua à manger ; entretemps, deux de nos camarades furent libérés par leurs cousins de passage. Le brigadier finit par se lasser de son bol et le glissa gentiment vers nous ; nous ne fîmes qu'une bouchée du reste et léchâmes longuement nos doigts. Ensuite, le policier nous fit entrer dans l'unique salle du commissariat et nous y enferma. À quatre heures du matin, mon codétenu me réveilla et demanda, « et si nous évadions » ? Je répondis « d'accord ». Notre plan était simple, nous sortons par la fenêtre, nous volons une pirogue et à nous la liberté. Mais cela ne s'avéra pas si simple.

La fenêtre par laquelle nous devions sortir ne fut pas si facile à ouvrir que ça, elle grinçait et parfois même, je le jure, pleurait ; de plus, elle donnait sur la cour où étaient alignés les logements des policiers. Ils ne se réveillèrent pourtant pas ; la fenêtre, après un long gémissement qui nous paralysa de peur, finit par s'ouvrir et nous sortîmes prestement, non sans avoir au préalable raturé au stylo Bic le registre de police.

Dehors, nous nous dirigeâmes vers l'embarcadère des pirogues. Une grande assemblée de piroguiers était assise autour d'un feu et surveillait les pirogues. Je me rendis compte que ces pirogues représentaient le capital de toute une vie. Nous bifurquâmes alors vers l'ouest en longeant le fleuve, nous allions obligatoirement trouver une pirogue. Nous en trouvâmes une, en effet. Nous nous dévêtîmes et posâmes nos boubous, nos chemises, pantalons et chaussures dans l'embarcation ; une pagaie était par terre nous poussâmes notre pirogue, mais, à peine à bord, mon ami cria, je me retournais, il avait déjà sauté dans l'eau ; je fis de même. La pirogue était trouée, cependant, allégée et bien que pleine d'eau, elle continua de flotter ; nous nous y accrochâmes et je touchais une chaîne qui servait, sans doute jadis, à l'attacher. Je sus m'en servir pour nous propulser plus rapidement ; je tirai la chaîne vers moi puis nageai sous la pirogue en la tirant vers l'avant, mon ami qui ne savait pas bien nager restait accroché à l'embarcation. Un bateau à moteur se fit entendre et ses lumières nous léchèrent. Puis de puissants phares de voiture s'allumèrent sur la digue du côté mauritanien ; le bateau coupa ses feux et fit demi-tour ; la circulation sur le fleuve est interdite de nuit. Nous continuons de nager, et, je ne sais par quel miracle, mon pied toucha terre sur la berge de Rosso. Je comprendrais plus tard que nous avons été vite entraînées par la mer qui rentrait dans les terres. Le barrage de Diama qui retenait la montée de l'eau salée de la mer dans le fleuve n'existait pas à l'époque.

Les phares venant de la berge mauritanienne étaient toujours allumés, ils provenaient de la voiture du commissaire de police qu'avait alerté le bruit des moteurs du bateau.

Le commissaire nous recueillit, nous amena chez une famille et nous y cacha pendant deux jours ; le même jour, il se rendit à Rosso Sénégal pour exiger qu'on lui rende les élèves détenus depuis hier ; la panique s'empara des autorités sénégalaises qui n'avaient aucune idée d'où nous étions. Un gouverneur fut dépêché de Saint-Louis pour rencontrer les autorités mauritaniennes à Rosso ; celles-ci lui annoncèrent que les enfants avaient été retrouvés sains et saufs et que cet incident est dû à une petite vengeance orchestrée par des douaniers de Rosso Sénégal. En effet quelques jours plus tôt, le frère d'un douanier sénégalais avait été appréhendé et emprisonné pour introduction de contrebande en Mauritanie. La situation à la frontière revint à la normale. Plus tard, un officier de police sénégalais se présenta au lycée, s'enquit de moi et mon codétenu, il nous ramenait nos cartes d'identité scolaires.

Les correspondants

Un samedi, nous nous promenions à Rosso quand une grosse femme noire m'appela par mon nom, surpris, j'allais vers elle, mes amis continuant leur chemin vers notre correspondant Satta Ould Al-Merrakchi. La femme m'accueillit avec moult « wenni, wenni, ella ould cheikhi », bienvenue, bienvenue, fils de mon cheikh. Elle me servit un énorme plat de « tiébouden » (riz au poisson, spécialité sénégalaise) dont la présentation le disputait au goût. Je m'empiffrai.

L'après-midi, je rejoignis mes amis qui commencèrent à courir pour rentrer au lycée avant le crépuscule. Je haletais en criant en vain, « attendez-moi, attendez-moi, j'ai trop mangé de « tiébouden ». Puis le rythme baissa et nous commencions à fredonner doucement, suivant la voix incroyable d'Ould El Kharchy chantant Seddoum. Et les jours se succédaient entre études et week-ends en ville où il nous arrivait de trouver à manger chez un des ressortissants de l'Adrar.

Le premier d'entre eux est Ould Kbar, il avait une grande concession comprenant une boutique et une vaste cour entourée de hauts murs. Sa boutique est la première que le voyageur venant du Sénégal rencontrait juste après les bureaux de douane et de gendarmerie. Il vendait principalement des dattes et de l'orge, les produits phares de l'Adrar. Il était célibataire et donc ne préparait pas de repas, nous pouvions boire du thé et grignoter quelques biscuits et dattes chez lui. Ould Kbar avait un problème récurrent causé par une famille de cochons qu'avaient abandonnés des colons, anciens propriétaires. Ces animaux entraient dans sa boutique, la traversaient sous ses yeux apeurés et entraient dans la cour pour se gaver de dattes ; et, quand ils ressortaient, Ould Kbar prenait son courage à deux mains, saisissait son gourdin et menaçait en l'agitant les cochons qui finissaient par sortir à la queue leu leu, dignement, sans se presser. Le premier à passer est le chef de famille, un animal énorme et intimidant, suivait la maman tout aussi massive, puis venaient les enfants ; Ould Kbar, figé de peur, n'osait toujours pas utiliser son gourdin, jusqu'au tout petit dernier auquel il asséna un coup timide que celui-ci encaissa en couinant. Promis, ils reviendront le lendemain…

Notre second correspondant est un fonctionnaire, Satta Ould Al-Merrakchi ; il habitait avec sa femme et sa petite famille une maison avec une véranda et une cour ; le week-end, il laissait sa porte ouverte pour que nous puissions entrer, dormir après avoir mangé la portion de couscous qu'il nous laissait dans un plat couvert. Un soir, en rentrant, nous trouvâmes notre part de couscous largement entamée, mais affamés, nous nous précipitâmes dessus. Le lendemain autour du thé, j'ai dit, nous avons trouvé un peu de couscous, mais je n'en ai jamais goûté d'aussi succulent. La femme de Satta me répondit en se désolant, « oh ! J'ai lavé ma main là-dessus ». La femme de Satta était une gentille jeune femme dont on disait qu'elle était « zerga » (claire comme l'eau), c'est-à-dire innocente, bébête, sans méchanceté ; Louleid lui répondit, nous l'avons quand même mangé !

Ainsi se succédaient les jours ; un week-end en revenant vers le lycée, nous écoutions Ould Belkheir nous racontant le courage de ses ancêtres guerriers et leur résistance face au français. Il n'hésitait pas à y mêler son courage personnel. Tout à coup, une voix nous interpelle méchamment, « Hé nar addou kalba » (Hé, vous les Maures, donnez vos portefeuilles), nous prîmes nos jambes à nos cous, direction le lycée. Arrivés, haletants, nous nous étendîmes sur nos lits. Le lendemain, nous remarquâmes que Ould Belkheir n'était pas là et nous allions le signaler au proviseur quand un homme est venu accompagner Belkheir ; le matin, en venant traire ses vaches, ce Peuhl a trouvé Yehdhih profondément endormi au milieu de l'étable. Nous n'entendîmes plus parler d'exploits. Nous fûmes quelque peu marris quand de jeunes « gueblis » se moquèrent de nous, c'étaient eux qui avaient crié « hé, nar... ».

Depuis quelque temps, des bruits couraient que les collégiens d'Atar étaient en grève, contestant l'autorité de Sy Seck ; Nouakchott avait suivi le mouvement. Les élèves de notre lycée se sont réunis pour voter la grève. Je pris la parole, m'opposant fermement à la grève et vantant les mérites de Sy Seck que j'avais eu pour directeur. Le mouvement fut peu suivi à Rosso et nous fûmes le seul établissement à ne pas avoir perdu cette année scolaire. Nous pûmes ainsi participer à l'épreuve de littérature française anticipée pour le baccalauréat. À l'époque, c'était le BAC unifié de Bordeaux ; je reçus la première note de tous les participants, Français compris, 15/20. J'avais choisi, entre différentes options, l'explication et commentaire de texte, car la poésie et l'étrangeté (pour moi) du texte m'ont séduit. Il s'agissait d'un extrait de la *Mise à mort* d'Aragon : « J'ai rêvé d'un pays où les hommes à bras rompus avaient repris la vie comme une biche blessée, où l'hiver défaisait le printemps et ceux qui n'avaient qu'un manteau le déchiraient pour envelopper la tendresse des pousses… »

NOUAKCHOTT

La ville

Nous passâmes donc en terminale l'année suivante et direction Nouakchott où se trouvait le seul établissement possédant des classes de terminale, composées de deux classes littéraires, une classe scientifique et une classe de mathématiques. Au baccalauréat nous étions en tout cent huit, soixante en A, trente en D et dix-huit en C.

Nouakchott n'était qu'une petite ville. Ces frontières étaient :

À l'est l'aérodrome où pouvait se poser un DC3.

Au nord, SOCOMETAL, une concession de véhicules Land-Rover.

Au sud, un élevage de poulets et de cochons.

À l'ouest se trouvaient l'Hôpital National et quelques jardins maraîchers. Au-delà, il y avait des salines marécageuses couvertes de roseaux et réputées inconstructibles. Et, encore un peu plus loin l'océan.

La ville était composée de deux ensembles principaux.

Le ksar (Legsar), la vieille ville abritant les anciennes maisons coloniales, un dispensaire et quelques maisonnettes construites en sable renforcé de coquillages avec des murs épais d'un à un mètre cinquante. La dernière maison ainsi construite a disparu dans les années 1980. À Nouakchott, en effet, on ne trouve ni banco, ni ciment, ni pierre.

Capitale (Kepital), nommée ainsi parce qu'elle abritait les principaux immeubles administratifs et les logements de fonctionnaires construits en ciment importé.

Les deux ensembles étaient reliés par une route non encore entièrement bitumée. Ils sont séparés par une haute dune de sable sur laquelle poussaient des euphorbes naines (Evernane). Sous chacune d'entre elles s'abritait, dit-on, un petit serpent ressemblant à un bracelet en bronze ; on l'appelle « Bou neîna » tant sa morsure était réputée vénéneuse. La personne mordue, disait-on, ne poussait qu'un soupir (neina) avant de mourir. Dans la dune vivaient des salamandres qu'enfants nous essayons de « pêcher » sous le sable.

À l'ouest, une dune séparait Legsar de la résidence du président de la République et de ses bureaux, ceux-ci sont construits en pierres ocre d'Atar, et sont composés d'un rez-de-chaussée et d'un étage. Sur le flanc de la dune de séparation, les travailleurs domestiques de la présidence ont arraché les euphorbes pour cultiver des arachides.

Mon oncle, Bamba, est venu s'installer à Nouakchott, et ses sœurs, dont plus tard ma mère, sont venues habiter avec lui. Il devint l'assistant de Ould Khayar, le maire de la ville, un homme qui ne savait ni lire ni écrire, mais qui était très intelligent.

M. Mohamed Ould Khayar s'est installé à Nouakchott au moment où celui-ci était une sorte d'escale forcée sur la route impériale n° 1 destinée à reposer les moteurs et les hommes. On raconte qu'un convoi français a fait halte à Nouakchott ; Khayar le reçut, prépara un méchoui, repas et boissons sans rien demander. En contrepartie, les Français reconnaissants le nommèrent chef d'escale de Nouakchott et lui attribuèrent un budget. Au lendemain de l'indépendance, il fut élu maire de la capitale, fonction que nul ne lui contesta jusqu'à sa mort. Ould Khayar recruta Bamba qui lui servait d'assistant et de secrétaire.

La mission principale de mon oncle consistait à aider les nouveaux venus à s'installer à Nouakchott en leur attribuant des parcelles d'habitations et ainsi d'organiser les nouveaux quartiers. Les arrivants venaient planter leurs tentes à la périphérie de la ville. Parmi les premiers arrivants se trouvaient Ehl Elhajj, tribu cousine de mon oncle qu'il fut chargé de convaincre d'accepter des numéros (en fait correspondant à des parcelles). Eux n'en voulaient pas, leur habitat est la tente et ils s'y sentent bien ! Il fallut des jours et des jours pour les convaincre ; pour cette raison, ce nouveau quartier fut appelé « Ennimerwat » (les numéros) avant de recevoir la dénomination officielle de Premier. C'est-à-dire la première extension de la ville.

Plus tard, au sud furent construites les médinas, 1, 2, 3 et 4. Médina 3 fut appelé Medina Bouch. Elle était essentiellement peuplée de femmes venant de l'Est, chassées par l'implacable sécheresse des années 69' à 73' ; ces femmes dont les maris, pères ou frères étaient restés pour sauver ce qui pouvait encore l'être de leur bétail étaient livrées à elles-mêmes ; sans ressources, elles acceptaient de distraire des hommes contre une bouteille (bouch) de lait, leur aliment traditionnel. Les femmes maures sont connues pour bénéficier de beaucoup plus de libertés que celles des autres pays musulmans ou arabes. À un jeune époux qui se plaignait à sa belle-mère d'avoir surpris son épouse en train d'embrasser un homme, celle-ci lui rétorqua « n'est-elle pas une femme qui a donc le droit de flirter ? ! »

Et bientôt, au sud-ouest apparut la médina cinq, Cinquième qui comprenait les derniers arrivants, principalement des

Haratines (pluriel de Hartani : nouveau libre) et quelques attardés de l'Est.

L'année scolaire

Le lycée de Nouakchott est situé derrière Radio-Mauritanie. On accédait à la cour principale en parcourant un couloir d'une vingtaine de mètres avant d'arriver à une porte en barreaux de fer qui se ferme dès huit heures. J'entrais, avec Louleid en terminale C, mais Michel préféra s'orienter en D. Les autres entrèrent en A. Tout notre groupe fut admis à l'internat.

L'année fut agitée. Des mouvements de contestation sont apparus chez les élèves, mais cette fois-ci soutenus par des socles idéologiques. D'un côté, les Kadihines (prolétaires) d'inspiration maoïste brandissant le livre rouge. De l'autre côté, les Baathistes inspirés par Michel Avlaq et souvent d'obédience irakienne ; les débats étaient incessants entre les deux, seule les liait la contestation du régime.

Les élèves lançaient des œufs sur les illustres visiteurs de notre pays comme les présidents Pompidou ou Senghor ; les Kadihines, mieux organisés, avaient un journal *Sayhatou Al Madhloum* (*Le Cri de l'Opprimé*). Un des outils de la contestation est le badigeonnage des murs de slogans tels que « du pain pour les masses » ; un policier, fatigué d'effacer chaque jour les slogans écrits la nuit, proposa à ses chefs une solution originale « Au lieu d'effacer chaque jour le slogan, du pain pour les masses », dit-il, pourquoi n'écririons pas notre propre slogan, « EMMEYNNA », nous refusons !

C'est à l'occasion de l'inscription de slogans sur les murs que je fus attrapé par une ronde de police avec mon énorme pot de peinture rouge que j'essayais de dissimuler sous mon serwal (pantalon). Je fus amené au quartier général de la gendarmerie ; des leaders adultes Kadihines avaient été arrêtés et leurs cris sous la torture m'empêchaient de dormir.

Je n'étais pas à proprement parler en cellule, mais dans le bureau d'accueil de la gendarmerie en compagnie d'un capitaine de ce corps. Celui-ci m'interpella « vous êtes des traitres à votre pays, vous êtes des agents de l'étranger » ; piqué au vif, je répondis, « si vous ne portiez pas cet uniforme je vous casserais la gueule », l'officier me répondit sobrement « je peux l'enlever » ; je ne répondis rien et ravalais ma fierté. L'officier avait une carrure de lutteur…

Je fus relaxé après une semaine. Puis les cours reprirent, nous les suivons avec assiduité et le week-end, chez ma maman, nous révisions nos cours sous la lumière orangée d'une lampe-tempête. Entre 5 heures et 6 heures, ma mère nous réveillait inlassablement pour la prière du matin, quitte à nous jeter de l'eau glacée sur les visages. Le pire était les ablutions obligatoires, car l'eau était glacée ayant passé la nuit dans un récipient ouvert. L'adduction d'eau et donc les robinets n'étaient disponibles que dans quelques bâtiments administratifs ou officiels.

L'épreuve du BAC

Puis vint l'épreuve du bac. Les épreuves de physique et de mathématiques correspondaient parfaitement à ce que j'avais bûché. Dans mon enthousiasme, j'échouais stupidement à l'écrit, oubliant une racine carrée par ci ou une parenthèse de factorisation par là. Je n'ai jamais révisé ce que j'écrivais, un défaut qui ne m'a pas quitté. Je devrais, alors, passer un oral en sciences naturelles, géographie et histoire, pour lequel je n'étais nullement préparé. J'avais en particulier allègrement séché, du fait des grèves et de la contestation, les cours de sciences naturelles dont le coefficient était de trois.

À l'oral, on m'interrogea sur le système reproductif du rat ; je n'en avais aucune idée. Compatissant, l'interrogateur, un Sénégalais venu de Dakar me donna un 3,5/20, après que j'eusse quand même identifié le rat comme mammifère, et de surcroit, rongeur…

Après quelques heures d'angoisse fiévreuse, je reçus la nouvelle que j'avais été admis au baccalauréat. Très vite, ce fut la course aux bourses. Fatma Mint Soueidatt et Tandia, un Sarakollé, as des maths, reçurent une bourse française, Fatma, jeune fille célibataire choisit l'enseignement et s'inscrivit à l'École Normale Supérieure qui formait des enseignants du secondaire en Mauritanie. Tandia partit en France, je n'ai jamais su ce qu'il était devenu. Je ne pense pas qu'il soit revenu au pays.

Pour ma part, j'ai entendu dire que l'armée offrait des bourses et je me suis présenté à l'état-major qui offrait une bourse en médecine navale. Je fus accepté. Mon passeport établi et mon billet d'avion prêt, je n'avais plus qu'à revenir le lundi pour prendre mes documents et m'envoler. Un vague cousin, une des rares personnes à posséder une voiture à l'époque, me vit sortir de l'état-major. Il se hâta d'en informer ma mère qui s'y opposa à force supplications et de pleurs. Je n'ai jamais pardonné à cet individu, qui d'ailleurs, est mort au volant de sa voiture, une Peugeot 504 grise, peu de temps après. Il m'avait privé des choses que j'aimais le plus, mon rêve d'amiral et la guérison des gens. À l'époque, il faut l'avouer, l'armée avait mauvaise réputation ; ceux qui s'y engageaient n'avaient souvent pas d'autres débouchés, n'ayant pas pu ou voulu terminer leurs études secondaires. Par ailleurs, c'étaient surtout des Beni Hassan, plus réputés pour leur razzia que pour leur amour du savoir qui s'y engageaient, d'où la mauvaise réputation de cette institution auprès des Zewaya (la classe des érudits).

Mort du père

Mon bac et ma bourse d'études en poche, je partis à Atar dire au revoir à mon père. Il avait été hospitalisé deux jours plus tôt à l'hôpital d'Atar suite à une pneumonie. En fait, mon père s'habillait toujours très chaudement, d'abord, une coiffe de bey rouge qu'il a dû sans doute ramener de son pèlerinage, deux boubous de dix mètres chacun, c'était à l'époque presque une tradition, ceux qui en ont les moyens portent leurs deux boubous. La majorité n'en possédait qu'un, et quand celle du dessus se salissait, la seconde était portée par-dessus. Les notables, comme mon père, avaient un troisième boubou jalousement enfermé dans une malle pour les cérémonies. Un pantalon de cinq mètres qu'une lanière an cuir de deux ou trois mètres permet de le serrer en plis complétait la tenue. Les gens ne possédaient pas encore de chemises. Souvent, de grandes amulettes, pour conjurer les sorts, leur pendaient sur la poitrine.

J'eus l'occasion de goûter douloureusement à la lanière de cuir. En revenant de l'école, j'eus une altercation avec Sidi Ethmane au milieu du marché et cela arriva à l'oreille du père. Nous fûmes convoqués, mais j'ai refusé de venir. Le lendemain, alors que je jouais avec mes amis, un des demi-frères paternels m'enleva littéralement ; sans s'arrêter de pédaler, il me happa et me fit monter sur sa bicyclette. Je reçus une dizaine de cinglants coups de lanière. Je n'ai pas pleuré pour ne pas donner satisfaction à mon père qui décida de m'enfermer dans une pièce qui faisait office de cave. C'est une pièce immense divisée en deux parties, l'une servant de salon, les jours froids de l'hiver et l'autre de magasin abritant toutes sortes de denrées. C'est dans cette partie que je fus enfermé. Pendant deux jours, je me suis régalé d'arachide et de dattes sèches.

Mon père passait la nuit à Edebaye et se rendait vers onze heures à sa maison en ville accompagné d'un talibé, assistant, qui le protégeait du soleil avec un parapluie. Avec l'âge, il a commencé à souffrir de chaleur. Chaque jour, dans sa maison, il changeait ses habits contre un boubou pyjama en coton fin et se faisait asperger (inonder) d'eau froide. C'est ce qui lui a valu sa pneumonie. Après de fortes quintes de toux, il crachait un liquide de la salle d'hôpital visqueux et jaunâtre. Un de ces crachats atterrit sur le mur de la salle d'hôpital, je m'empressais de le saisir et de l'avaler (pour la baraka), avant que quelqu'un d'autre ne me précède. Et puis, il mourut deux jours plus tard et je partis.

Travail à la banque

Depuis mon année de seconde, après la fin de l'année scolaire, je travaillais à la BIAO pour remplacer un expatrié durant son congé annuel. J'étais payé 11 500 FCA, ce qui était très important à l'époque. Le plus dur dans ce travail est d'établir la comptabilité exacte de la journée ; une fois, nous restâmes tout un week-end pour trouver où une erreur de 5 malheureux FCA a pu se glisser. Mon oncle, Bamba m'a conseillé de prendre le poste permanent que la banque m'a proposé, mais je voulais vraiment continuer mes études.

MONTRÉAL

L'accueil

Une société anglo-canadienne, Chartered Consolidated, a investi dans les mines de cuivre d'Akjoujt pour tester une technologie de séparation innovante appelée procédé TORCO. Parmi les contreparties, le gouvernement canadien a offert à la Mauritanie des bourses d'études pour ses bacheliers. Des bourses en sciences économiques et plus tard en ingénierie.

À monsieur le professeur Dudley, recruteur, qui me demandait pourquoi je voulais aller au Canada, je répondis « pour voir les Indiens », je n'avais aucune autre idée de ce magnifique pays.

Nous prîmes l'avion pour Dakar, direction Paris où nous devions rester deux jours en attendant la correspondance pour Montréal. Nous en profitâmes pour explorer la capitale française. À l'entrée d'une bouche de métro, une vague de gens déferla sur nous et l'un de mes camarades s'écria « gare à vous, gare à vous, une manifestation ! » ; nous n'avions jamais vu autant de monde que dans les manifestations à Nouakchott.

Si nous n'avions aucune idée du Canada, les Canadiens n'avaient aucune idée du monde extérieur. À notre arrivée, nous sommes accueillis par des questions comme « où avez-vous acheté vos habits ? », pour eux, nous étions arrivés nus. Ou, « habitez-vous encore dans les arbres ? » ; une Camerounaise qui avait le sens de la repartie leur répondit « Oui, même que l'ambassadeur du Canada habite le plus grand arbre de la forêt ! »

À l'aéroport, on nous fit monter dans un bus, où une jeune femme censée nous faire découvrir la ville et ses principaux quartiers finit par nous amener à notre destination finale, le site de l'Exposition universelle de Montréal où elle nous abandonna sans pour autant oublier de nous indiquer minutieusement le chemin du retour par le métro et la station centrale Bonaventure de laquelle nous devions descendre puis le numéro du bus avec lequel nous devions continuer pour arriver au campus de l'université. Nous arrivâmes à une station et voyant tant de monde descendre, je fis de même malgré les efforts de mes camarades pour me retenir en criant que je me trompais. Je sortis du métro et fus enveloppé par des immeubles plus haut que les nuages ; apparemment, j'étais perdu. Il n'est cependant pas question que la police me ramène à l'université et que je devienne la risée de mes camarades. Aussi, je me mis à marcher, les rues étaient bien éclairées et au bout d'une heure, je vis un bus s'arrêter, j'y pénétrais en demandant s'il s'arrêtait à l'université, le chauffeur me répondit gentiment « deuxième arrêt ».

Pour nous familiariser avec la culture québécoise, une famille d'accueil nous recevait tous les week-ends. La nôtre s'appelait Kiraly, originaire de Pologne, elle avait deux petites filles, elle était extrêmement hospitalière. Michel, moi et deux Camerounais leur étions affectés. Un samedi, les Camerounais préparèrent un plat local de chez eux que M. Kiraly filma ; puis il fit défiler le film à l'envers et je faillis vomir en voyant une boule de riz sortir de ma bouche. Tous éclatèrent de rire. La plus petite des fillettes ne cessait de demander à son père, gêné, si elle pouvait caresser les cheveux du Camerounais ; celui-ci avait, bien entendu, les cheveux crépus, mais avec la particularité qu'ils étaient arrangés en petits grains (on dirait de couscous) légèrement séparés ; gentiment, le Camerounais prit la main de la fillette et la promena sur sa tête.

Acclimatation

Notre première année d'économie fut des plus pénibles. Nous n'avions aucune idée de la société de consommation ; des concepts tels que l'inflation, les marchés, la substitution, la bourse, etc., nous étaient totalement étrangers. Il n'y a pas de vrais redoublements, nous avons tiré notre épingle du jeu grâce aux autres matières, mais avons dû reprendre le cours principal d'économie de M. Tremblay.

Nous étions quatre en économie, auxquels sont venus s'ajouter une année plus tard six en ingénierie à l'École polytechnique de Montréal. Nous formions une petite colonie, habitions par groupe de trois ou quatre dans des appartements voisins et recevions une bourse conséquente de trois cents dollars par mois que nous versait une quinquagénaire débonnaire, Madame Beauregard.

Nous nous promenions bras dessus, bras dessous ; plus tard, de jeunes étudiantes curieuses nous ont dit qu'elles nous pensaient homosexuels ; les hommes dans leur culture ne se touchaient pas ou en tout cas ne s'imbriquent pas aussi intimement.

L'hiver était rigoureux et on nous conseilla de nous habiller chaudement. Au magasin, nous achetâmes tous le même type de manteau, jaune orangé, en simili cuir qui nous donnait l'air de pingouins en technicolor. En réalité, nous n'avons ressenti le froid qu'à partir de la deuxième année, à l'instar des autres Africains d'ailleurs. Un médecin expliqua plus tard que notre esprit n'intégrait pas encore la notion de froid. Et de fait, alors que les nez des Québécois coulaient, nous nous promenions avec un manteau couvrant une simple chemise et un pantalon sans sous-vêtements pour les doubler.

Les Québécois avaient selon nous un drôle d'accent et leur langage était rempli d'expressions religieuses, « Tabernacle, Chris, etc. » ; ils possédaient, par ailleurs, une volonté d'indépendance exacerbée depuis bien avant le fameux « Vive le Québec libre » de De Gaulle. Un sketch en français de la télévision illustre bien ce rejet d'intégration. S'adressant à son fils Justin, Pierre Elliot Trudeau, alors Premier ministre du Canada, lui intima de cesser de jouer avec un train électrique : « Justin arrête le train, Justin arrête le train » et Justin continue de jouer, excédé, son père cria « Justin, stop the train » et Justin s'exécuta. Très vite, nous assimilâmes l'accent québécois, certains d'entre nous ne priaient plus et seul le jeûne du ramadan nous enracinait encore dans notre religion.

Au départ, notre timidité ou notre inculture comportementale, nous empêchait tout contact avec le sexe opposé. Mais, nous avions besoin de sexe. C'est alors que je me suis rappelé les paroles d'une guide nous faisant visiter en bus à notre arrivée la ville de Montréal. Au croisement des rues Sainte-Catherine et Saint-Denis, on trouve des femmes pour ceux qui veulent passer du bon temps, indiqua-t-elle. Le samedi, je fis part de ma découverte à tous mes camarades. Le lendemain, nous y allâmes et atterrîmes dans un bar. Nous avons commandé dix cocas, aucun de nous n'avait encore osé boire de l'alcool. Nous étions là à attendre, puis nous partions sans avoir rencontré ce que nous souhaitions. Après quelques visites et quelques centaines de Coca-Cola, toujours conclues par de généreux pourboires, nous avons fini par demander au serveur où est ce que nous pourrions trouver des femmes. Il nous cria, « Oh ! les filles, elles sont à l'autre table », nous avons dû rougir, ce serveur n'avait aucun sens de la discrétion ! Nous avons pris l'habitude de venir régulièrement au point que certaines prostituées acceptaient nos payements par chèque.

Une nouvelle fournée de boursiers arriva durant notre troisième année qui, après quelques jours d'acclimatation, insistèrent pour rencontrer ces femmes. Et ils nous tannèrent, comme disent les Québécois, pour les conduire au bar. Mais, il était tard, vingt-deux heures passées. Le barman nous indiqua la difficulté de trouver quelqu'un à cette heure, mais finit par dénicher une femme âgée et toute ridée. Elle semblait connaître son affaire et avant que nous puissions dire un mot, en l'occurrence « non, merci », elle prit les devants.

Elle décida que nous allions tous passer et désigna dans l'ordre le plus âgé d'entre nous, celui qui avait insisté pour y aller. Celui-ci, surpris, s'exclama, pointant son doigt sur son front, « Ana ? », en Hassanya, pourquoi moi ? Nous fûmes pris de fou rire et la femme, vexée, s'en alla.

Puis nous commençâmes à nous intéresser aux filles et elles à nous, avec quelques amourettes plus ou moins brèves ponctuées de quelques insuccès.

Nicole, une camarade de classe s'attacha à moi. C'était jeune femme d'un certain embonpoint, mais chaleureuse et je formais avec elle, Michel et deux Québécois un petit groupe inséparable. Nicole, comme d'ailleurs la plupart des Québécois, était une paysanne. À Noël, elle m'invita chez elle dans la région de l'Abitibi-Témiscamingue où ses parents possédaient une ferme isolée et quelques vaches. Son frère, un chauffeur routier, nous conduisit dans sa petite voiture sur des routes enneigées et dans une tempête de neige qui dura tout le parcours. Le lendemain, Nicole voulut me montrer sa ferme ; il fallait chausser de grandes palettes pour ne pas s'enfoncer dans la neige. La marche fut éreintante. Il y avait une vingtaine de vaches et Nicole les trayait savamment, mais je ne buvais pas de lait, surtout de vache !

De retour à Montréal, Nicole dormit chez moi, le lendemain j'arrivai en classe le visage tout griffé, le professeur me demanda ce qui m'est arrivé, je répondis en rougissant qu'un chat m'a attaqué. Toute la classe fut prise de fou rire pendant que je rougissais, encore et encore.

Ainsi passaient les amourettes. Sylvaine, une jeune fille aux cheveux noirs et longs me déclara à notre rencontre, « Toi et moi, nous ne sommes pas beaux, nous pouvons faire la paire », j'acceptais d'autant plus que je la trouvais plutôt agréable. Elle aussi m'invita chez elle, je décidais de m'acheter une chemise et des souliers neufs. Au magasin, un employé me voyant essayer de choisir parmi les chemises me dit gentiment « allez voir au rayon des enfants ». J'obéis et trouve une chemise pour enfant de 14 ans et l'achète. Ces manches étaient si longues qu'elles flottaient devant mes mains. Ainsi accoutré, je partis rendre visite aux parents de Sylvaine, eux aussi installés hors de Montréal et propriétaires d'une petite scierie. Je passais la journée à jouer au base-ball avec le frère de Sylvaine ; j'étais plutôt adroit pour attraper la balle, mais pour la frappe, non…

Les études se passaient bien, j'obtins mon « bachelor ». Je m'investissais dans la politique sociale et fondais avec d'autres l'Organisation des étudiants africains au Canada dont je fus élu secrétaire général. Nous publions un journal et organisions différentes rencontres. Nous fûmes honorés d'accueillir le Dr Augustino Neto, président du MPLA en avril 1974 à l'occasion de sa visite au Canada. Alors que nous l'écoutions, quelqu'un attira son attention. Il s'interrompit brusquement et quitta la salle. Il venait d'être informé que le Portugal, suite à la révolution des œillets, acceptait des discussions sur l'indépendance de son pays ; celle-ci allait être proclamée le 11 novembre 1975.

Mon baccalauréat en Sciences économiques acquis, je m'inscrivis en maîtrise. J'étais très fan de micro-économie et je suivis avec assiduité les cours de M. Camille Bronsard, un professeur juste sorti de l'Université catholique de Louvain en Belgique. Celui-ci m'adopta et fit de moi « son assistant ». Je surveillais la classe pendant son absence et corrigeais les travaux pratiques des classes inférieures. Sa femme Lise Salvas-Bronsard enseignait l'économétrie.

Retour au pays

Nos études terminées, nous sommes rentrés au pays. Je suis parti plus tard que les autres, car j'assistais le professeur Bronsard qui réalisait, au profit du Gouvernement du Québec, une étude sur ce qu'il appelait les biens culturels. Il soutenait que l'envahissement de biens de consommation universels (américains) tels que Coca-Cola, McDonald, etc., contribuait à faire disparaître la consommation des biens locaux et donc des pans de l'économie et les emplois québécois. Cet envahissement contribuait surtout à une aliénation de la culture et donc de l'identité québécoise. Malgré la bienveillance de ce professeur à mon égard, je fus pris d'une irrésistible envie de partir moi aussi.

Entretemps, j'avais entrepris une relation sérieuse avec une jeune femme, Sophie de son nom, qui venait de terminer son « bachelor » et se destinait à l'éducation. Nous avons emménagé ensemble. C'était soi-disant, l'époque de l'amour libre où les engagements stipulaient que ce lien pouvait être rompu à tout moment. Pour ma part, je ne comptais pas vivre au Canada et encore moins m'engager définitivement dans une relation amoureuse.

En fait, depuis le départ de mes compatriotes, je me sentais seul et étais pris de remords ; ma mère n'avait pas de ressources, je décidais donc de rentrer au pays, malgré l'insistance de M. Bronsard ; j'en fis part à ma copine qui décida quand même de m'accompagner jusqu'à Paris, que, dit-elle, elle rêvait de visiter. Nous y restâmes une semaine, les avions à destination de Nouakchott n'étaient qu'hebdomadaires, puis je partis. Une semaine plus tard, je reçus un télégramme m'informant qu'elle serait à Nouakchott tel jour. Je l'accueillis donc à l'aéroport et l'amenais chez moi. J'habitais avec ma mère dans une maison au toit formé de tôles ondulées fixées par des briques pour les empêcher de s'envoler avec le vent.

La réprobation de ma mère était éclatante même aux yeux de Sophie. Il y avait souvent du vent à Nouakchott. On dirait qu'il jaillissait de la terre emportant grains de sable et poussières, qui envahissaient le corps et s'installaient dans les cheveux. Sophie voulut d'un geste me dépoussiérer la tête et ma mère l'apostropha violemment « ne le touche pas, il n'est pas ton frère ». En fait, il s'agissait d'une véritable tragédie, Sophie est mon amie et mon hôte et la maison était celle de ma mère. Je trouvais des amis qui acceptèrent de nous accueillir ou plutôt de l'accueillir. Elle s'était embarquée dans l'inconnu, loin de chez elle, et je ne pouvais pas l'épouser. Les jours se succédaient, finalement, son diplôme d'enseignante lui permit d'obtenir un emploi dans l'Éducation nationale et elle fut affectée à Kaédi, une ville sur le fleuve où elle rencontra un collègue français qui l'épousa.

LA FONCTION PUBLIQUE

La banque centrale

De nouveau réunis au pays, forts de nos diplômes, nous avons entamé la recherche d'emploi. Nous nous sommes adressés à la Banque Centrale de Mauritanie où nous fûmes reçus par le Gouverneur-Adjoint, Moustapha Ould Cheikh Mohamedou, de manière si discourtoise que j'en restais sans voix. La Banque Centrale, nous fit-il comprendre, est une institution élitiste réservée aux gens du Trarza et éventuellement à quelques Négro-Africains. Il a oublié de dire que le mérite n'entre pas en ligne de compte. Un des représentants typiques des recrues de la Banque Centrale avait jugé que la probabilité d'un événement est d'un virgule cinq, mais il était le frère d'un ministre, un autre n'a pas terminé ses études, la position de son père, contrôleur d'État, lui servant de diplôme et de passe-droit. Les recrutements à la BCM continueront sur cette base, même si de temps en temps quelqu'un pouvait remplir les critères géographiques et de compétence. Cette chasse gardée doit son enfermement aux salaires disproportionnés et parfaitement injustifiés par rapport à ceux de la fonction publique.

Finalement, nous avons été recrutés à la fonction publique au profit du ministère du Plan. Diop Assane et moi-même, à la Direction de la planification. Michel a préféré être détaché à la Banque mauritanienne pour le commerce et le développement.

Le baptême

Mon baptême dans la fonction publique a eu lieu le 28 novembre 1977 quand Me Moktar Ould Daddah, président de la République, invita les cadres du pays pour la levée des couleurs. Je n'étais à l'époque que chef de service, mais tout ce que l'administration à Nouakchott comptait de ministres, secrétaires généraux, directeurs et chefs de service ne formait qu'un rang d'à peine trente mètres. Le Président tendit la main à chacun d'entre nous et j'eus l'impression d'avoir été caressé par une plume. Moktar Ould Daddah représentait l'archétype du dirigeant des pays de l'Afrique coloniale française qui, tout en réclamant l'indépendance, n'ont jamais eu recours à la violence, préférant laisser le temps au temps. Ainsi, profitant de la création de la Communauté française des pays de l'Afrique de l'Ouest, il donna à son pays le nom de République Islamique de Mauritanie, le 28 novembre 1958, nom qui sera consacré par la première constitution du pays le 22 mars 1959. Il avait ajouté le qualificatif islamique, car selon lui, l'Islam est le ciment majeur de l'unité nationale. Cette première constitution allait être modifiée en 1960, Daddah estimant que le régime parlementaire ne sied pas aux pays neufs, car source d'instabilité et de conflits. En particulier celui de la prééminence entre le Premier ministre, c'est-à-dire, à l'époque, lui-même, et le président de l'Assemblée nationale, Souleymane Ould Cheikh Sidiya (1959-1961). Celui-ci avec Sidi El Moctar Ould Yahya N'diaye et Bouyagui Ould Abidine a contesté la création du parti unique, le Parti du peuple mauritanien en tentant de créer un parti concurrent, le Front national démocratique. Daddah opta donc pour un régime présidentiel. Selon lui, la Mauritanie était encore un pays contesté et ses citoyens, à forte majorité nomade, n'avaient pas une conscience forte de l'État. Le parti unique était donc un moyen d'éviter les divisions et de construire une citoyenneté mauritanienne. Le renoncement à la subvention budgétaire française, la révision des accords de défense, la création de l'Ouguiya et la nationalisation de la MIFERMA seront d'autres éléments fondamentaux de cette affirmation identitaire.

Daddah était convaincu que le Sahara occidental, encore sous domination espagnole, était une partie de la Mauritanie. Le Maroc avait les mêmes prétentions et l'Algérie, chantre de la libération des peuples ne voyait pas d'inconvénient à un arrangement potentiel entre le Maroc et la Mauritanie, ce qu'a accepté Boumediene au sommet tripartite tenu le premier septembre 1970 à Nouadhibou. La répartition entre le Maroc et le Mauritanie était basée sur un identifiant linguistique assez original. Ceux qui désignaient le chacal par l'arabe « dib » sont situés sur le territoire marocain, ceux qui disaient « dhib » étaient sur le territoire mauritanien. Les coordonnées de ce partage correspondent à environ 23° 43′ de latitude Nord et 15° 57′ de longitude Ouest. Cet accord est validé par la signature d'un traité en ce sens entre l'Espagne, le Maroc et la Mauritanie le 14 novembre 1975 à Madrid. Le 26 février 1976, l'Espagne quitte le territoire et le remet entre les mains des forces armées marocaines et mauritaniennes. Dans la foulée, le Polisario déclare la création de la République arabe sahraouie démocratique que l'Algérie reconnaît le 6 mars de la même année. Suite à cette rupture de l'accord tripartite entre l'Algérie, le Maroc et la Mauritanie relatif à la non-ingérence de la première dans le conflit du Sahara, la Mauritanie rompt ses relations diplomatiques avec Alger.

Installation

Au ministère du Plan, les assistants techniques algériens furent priés de rentrer dans leur pays. Je me hâtais de squatter une des maisons que l'État avait mises à leur disposition. Nous y aménagions, ma femme, ma mère, mon frère et moi. La maison était située à l'ouest du marché central et disposait d'une cour intérieure, de deux chambres, d'un salon, d'une cuisine et de deux toilettes. Ma mère a amené avec elle ses trois « gouiras ». Les « gouiras » sont des chèvres offertes par l'Espagne aux habitants du Sahara occidental puis achetées par les gens de l'Adrar. Elles fournissent bien plus de lait que les chèvres ou moutons locaux et surtout, elles n'ont pas besoin de pâturer ; restant à côté de la maison, elles mangent n'importe quoi, du papier jusqu'aux excréments secs animaux. Leur nom provient de La Gouira, un petit port du Sahara occidental, par lequel elles ont été débarquées.

Bientôt vint s'installer chez nous un jeune homme prénommé Mohamed qui a expliqué qu'il appartient à la tribu de Ntaba et que la sécheresse avait décimé leur bétail. Il est donc venu en ville et a demandé à la mosquée voisine qui habitait les maisons du voisinage. On lui a indiqué une maison où venait juste de s'installer une famille d'Ehl Cheikh Malainine. Ainsi entra-t-il chez nous. C'était encore une époque où un parfait étranger entrait chez vous et partageait votre repas sans qu'une question ne lui soit posée ; si un peu de familiarité existe, il peut décrocher votre boubou et le porter si le sien ne lui convient pas. Mohamed mangea le repas de midi, celui du soir et le lendemain, il était encore là et allait s'incruster.

Mohamed avait une belle prestance, mais était encore peu « civilisé », petit à petit, nous l'avons adopté à telle enseigne qu'à un moment, il fut connu sous le nom de Mohamed, fils de M'Rabih c'est-à-dire de moi-même. Après quelque temps, il s'accoutuma à la vie urbaine. Je lui ai acheté un boubou en Bazin neuf, un pantalon et une chemise. Quelques jours après le coup d'État, un match de finale de la coupe nationale fut organisé au stade de la capitale qui n'a pas encore été baptisé Cheikha Ould Bodiya. Je ne sais pourquoi, Mohamed voulut absolument s'y rendre avec moi. Nous nous sommes installés en tribune officielle, les policiers qui ne savaient pas encore qui était membre de la nouvelle junte qui avait pris le pouvoir furent probablement impressionnés par la prestance de Mohamed.

Quelques minutes plus tard, un vrai membre de la junte, le chef d'état-major de la gendarmerie nationale, Cheikh Ould Boyde, s'installa à côté de nous et entama la conversation avec Mohamed. Apparemment, ils s'apprécièrent et Mohamed devint un des hommes à tout faire de ce membre du Comité militaire de Salut national, le CMSN. Il a reçu un permis de port d'arme et me montrait fièrement le pistolet accroché à sa ceinture. Il reçut aussi une carte des services de renseignements et sans doute les émoluments qui allaient avec. Il nous quitta alors pour louer un appartement.

En janvier 1977, je reçus une invitation pour un atelier organisé par la Banque Mondiale à Washington sur l'évaluation des projets. L'atelier durait quarante-cinq jours, dont quinze de stage pratique dans un pays africain. Je choisis un projet d'élevage au Mali du côté des plateaux du Bandiagara. Je fus particulièrement ébahi par des pratiques culturales des Dogons ; alors que le sol était majoritairement pierreux, il isolait des parcelles circulaires d'à peine un mètre de diamètre pour y faire pousser du mil ; dans le village que j'avais visité, il y avait à peine une dizaine de parcelles.

Dans l'immense vallée du Bandiagara, des Peulhs aux chapeaux coniques surveillaient leurs troupeaux ; ils arboraient une posture singulière ; un pied posé sur le genou opposé, ils restaient debout s'aidant d'un long bâton et fumant une pipe.

Je revins à Washington, reçus mon diplôme de l'institut et rentrais à Nouakchott.

L'O MVS

Notre directeur est Moustapha Abeiderrahmane, un leader Kadihines qui s'est rallié au pouvoir nous laissait Diop et moi gérer le quotidien. C'est ainsi que je l'ai remplacé comme membre de la Commission nationale technique de l'OMVS.

Durant la période coloniale, l'aménagement du fleuve a très tôt intéressé les autorités. Plusieurs tentatives de mettre en place une coordination des quatre États riverains du fleuve Sénégal ont été réalisées sans grand succès cependant.

De la Mission d'études et d'aménagement du fleuve Sénégal (MEAF-1938), à la Mission d'aménagement du fleuve Sénégal (MAS-1939). En 1963, un Comité inter-États est créé, regroupant le Sénégal, la Mauritanie, le Mali et la Guinée. Sa principale réalisation sera de définir un programme intégré de mise en valeur des ressources du bassin du fleuve Sénégal. Le Comité Inter-États est remplacé, en mars 1968, par l'Organisation des États riverains du fleuve Sénégal (OERS), créée à Labé (République de Guinée). Cette organisation regroupe la Guinée, le Mali, la Mauritanie et le Sénégal, et se consacre à l'harmonisation des plans de développement des États membres. La Guinée s'en retire en 1971.

En 1972, l'OERS cède la place à l'Organisation pour la mise en valeur du fleuve Sénégal (OMVS), dont sont membres le Sénégal, la Mauritanie et le Mali.

En 1992, la Guinée et l'OMVS signent un protocole-cadre de coopération, suivi, en 2004, d'un accord instituant un Conseil interministériel Guinée/OMVS et une commission juridique et technique. Le 2 juillet 2005, l'adhésion définitive de la République de Guinée à l'Organisation adhésion est concrétisée par la signature d'un traité, le 17 mars 2006, à Bamako.

Cette organisation visait à mettre en valeur les potentialités du fleuve dans trois domaines, l'irrigation, l'énergie et la navigation.

Pour harmoniser les positions des États membres, chaque pays disposait d'une Commission technique en charge de préparer les documents qui seraient soumis à une prise de décisions par le Conseil des ministres, qui seront validées ensuite par des résolutions des chefs d'État. Chaque trimestre les réunions se tenaient à tour de rôle dans un des pays. Les réunions techniques pouvaient durer jusqu'à trois semaines, car les avis des uns et des autres pouvaient être très divergents. Une délégation pouvait tout simplement rester dans la salle et dormir empêchant ainsi d'arriver à un accord sur un quelconque point. Ce fut pour moi une expérience unique du point de vue de la rencontre des autres, de leurs aspirations et de leur culture. Un soir, que le président Moussa Traoré donnait une réception en l'honneur de ses pairs, j'aperçus parmi les musiciens qui animaient la soirée un étrange individu. C'était un jeune homme petit et râblé qui tenait, coincé sous son cou, un petit tambour ; tout à coup, il a fermé ses yeux et fixé le ciel. Il a commencé à frapper son instrument avec un morceau de bois incurvé pour en sortir une harmonie qui le transportait dans un ailleurs…, ailleurs. Il suait de tous ses pores. À ce moment je me suis dit qu'on pouvait le découper morceau par morceau, il continuerait de jouer !

LE COUP D'ÉTAT

Renversement du pouvoir civil

Le 3 juillet 1977, une colonne du Polisario d'environ 15 à 25 véhicules partie d'Amgala atteint les abords de la capitale mauritanienne Nouakchott. La colonne bombarda pendant trois quarts d'heure au mortier et au canon le quartier du palais présidentiel, tandis que certains véhicules de la colonne se heurtent à un poste mauritanien situé au nord de la ville. Une fois leur objectif atteint, les combattants du Polisario disparurent en profitant de la nuit. Ce raid se déroule en même temps que la conférence de l'Organisation de l'Unité africaine à Libreville, le but étant de prouver aux États africains l'importance du mouvement, à la suite de l'exclusion d'une délégation du Polisario par les dirigeants gabonais, fidèles alliés de La Mauritanie.

Face à ces incursions fréquentes, l'armée mauritanienne, petite armée de seulement 3 000 hommes au début du conflit, mal équipée et mal approvisionnée, était débordée. Les militaires ont commencé, comme les populations, à percevoir cette guerre comme un conflit fratricide et à réfléchir à son utilité et à son issue. Le 10 juillet 1978, l'armée renverse Ould Daddah et établit un pouvoir militaire. Elle se retirera immédiatement du conflit en renonçant au partage du Sahara occidental avec le Maroc. Celui-ci, sans tenir compte du fameux paradigme de partage basé sur la prononciation par les populations du mot chacal en arabe, se hâta de remplir la place devenue ainsi vacante…

La veille du coup d'État, j'avais vu sur la route une vieille femme qui semblait chercher un moyen de transport. Je décidai de la transporter chez elle. Elle habitait une des premières « kebbe ». Ce mot veut dire littéralement dépotoir ; c'est là que s'entassent les populations pauvres que la sécheresse a chassées de leur habitat traditionnel. Arrivée chez elle, elle m'invita à prendre du thé ce que je refusai poliment, elle insista et je finis par accepter après qu'elle m'ait promis de lire les oracles pour moi. La lecture des oracles est très prisée. Elle se fait à partir de traits tracés dans le sable ou plus couramment grâce à des cauris (coquillages, « loudaâ » en hassanya) au nombre de douze que la personne prend d'abord dans sa main et porte à son visage en pensant à ce qu'il voulait savoir ; il les jette avant que l'interprète de l'oracle ne se prononce. La vieille femme jeta les cauris, regarda leur disposition, hocha la tête comme incrédule et jeta les cauris une seconde fois, puis une troisième, et les jeta encore et encore, enfin elle leva les yeux vers moi et dit, « Désolée, à chaque fois, je n'ai vu que des soldats ».

Le jour du coup d'État, alors que personne ne savait très bien ce qui se passait, les policiers s'adonnèrent à un exercice risible ; ils arrêtaient les taxis pour séparer les hommes des femmes assises à leur côté. Une application zélée des décisions prit la veille par le Parti du peuple mauritanien qui avait inscrit la Charia islamique comme principale source de droit.

Pour la Mauritanie, la guerre a légué des milliers de fusils, d'abord ceux donnés aux supplétifs et puis ceux vendus ou donnés par les militaires revenant du front. Le tir à la cible avec les fusils à longue portée est devenu un sport national. Même les marabouts obtenaient des fusils et le week-end, le beau monde se retrouvait pour des compétitions de tir. Bientôt, cela n'a plus suffi et les gens ont commencé à organiser de véritables parties de chasse. À la fin de la semaine, ces chasseurs ramenaient des Land Rovers (héritées elles aussi de la guerre) pleines de gibiers. En dix ans, entre 1979 et 1989, cette prolifération d'armes a contribué très substantiellement à l'éradication de la faune sauvage. Celle-ci souffrait déjà de la sécheresse et de la disparition progressive de son habitat naturel. La dernière outarde a été tuée non loin de Mederdra en 1989, tandis que les dernières gazelles étaient pourchassées dans la plaine aride et sans eau de Guellemane, (contraction de « son eau est épuisée ») avant de disparaître en 1985.

Après quelques ajustements, les militaires ont coopté Mohamed Khouna Ould Haidalla comme Premier ministre. Son avantage principal aux yeux des autres officiers est qu'il est issu d'une tribu très minoritaire en Mauritanie et donc peu susceptible d'accaparer le pouvoir…

Il y eut un remaniement ministériel. La Direction du Plan fut scindée en deux et j'héritais de la Direction des Financements, chargé de collecter auprès des divers bailleurs de fonds les dons ou prêts nécessaires à la réalisation des projets de développement du pays. Une de mes premières missions fut d'accompagner les chefs d'État de l'OMVS dans divers pays donateurs. Mohamed El Moctar Ould Zamel alors ministre du Plan représentait Haidalla, l'homme fort du pays qui devait encore mettre de l'ordre dans son organisation de pouvoir.

Léopold Sédar Senghor

Nous accompagnions les présidents Léopold Sédar Senghor et Moussa Traoré. Celui-ci présidait, selon le système tournant, la Conférence des chefs d'État de l'OMVS. Le projet global a fait l'objet de grandes divergences entre la France et le reste des bailleurs de fonds. La France insistait pour la réalisation du barrage de Diama qui devait empêcher la langue salée de pénétrer dans les terres, alors que les autres bailleurs de fonds, appuyés par les conclusions des études, disaient que la crue contrôlée de Manantali empêchait cette intrusion. Le barrage de Diama ne ferait qu'augmenter les coûts. Finalement, les pays de l'Organisation ne voulaient pas s'aliéner la France et les deux barrages seront retenus.

Notre périple nous conduirait en France, en Allemagne et au Canada. Notre voyage s'effectua à bord de l'avion du président de L.S. Senghor. En France, une conférence de presse était prévue au siège local de l'Unesco. Nous y fûmes accueillis par une dizaine de contestataires français criant que le barrage allait faire disparaître les forêts, les poissons et même une grande partie de la faune terrestre, etc. Je n'arrive pas à m'enlever de l'esprit, le peu de cas fait à la sécurité de chefs d'État par le Gouvernement français, peut-être, une réaction à la longueur des discussions sur Diama. Les protestataires brandissant des pancartes à l'intérieur même, devant la porte de la salle de réunion en vociférant aux visages de notre délégation.

Ensuite, nous nous rendîmes à Bonn, alors capitale de la République fédérale d'Allemagne. Nous devions d'abord y donner une conférence de presse. Et, comme Moussa Traoré était le président en exercice de l'Organisation, c'était à lui que revenait le soin d'ouvrir la conférence. Il sortit un document de six pages et commença péniblement à lire, « l'O.M.V.S. est uuuuuuune orgaaaniiiiiiiii…sation.. ». C'était pénible à écouter. M. Moussa Traoré semblait à peine alphabète, on dirait un élève de première année ! Les journalistes commençaient à se retirer et puis, tout à coup, Senghor saisit le micro et parla : « La volonté est ainsi le fond pulsionnel du monde, la poussée inconsciente qui fait que chaque chose veut être ce qu'elle est. Elle est par essence au-delà de la raison. C'est ce que nous apprend la philosophie allemande et c'est ainsi que de Kant à Heidegger, à la fondation de la psychanalyse par Freud, elle a façonné l'histoire intellectuelle de l'Occident ». Tous se rassirent, les journalistes étaient aux anges et les questions fusaient. Cette étape fut un succès.

Prochaine visite le Canada. Nous fîmes escale en Islande, l'avion du Président ne pouvant traverser l'Atlantique d'une seule traite. Puis, arrivés à l'aéroport d'Ottawa, des limousines nous conduisirent jusqu'à notre lieu de résidence, le Fairmont Château Laurier. Lors du parcours, des motards bloquaient le carrefour jusqu'à notre passage qui pouvait durer dix secondes. Dans nos pays, tant que le Président n'est pas entré dans sa résidence et bien avant que son avion n'atterrisse, les rues resteront bloquées…

Le lendemain, nous étions en train de déjeuner lorsque Senghor sortit de l'ascenseur et, sans façon, vint s'asseoir à notre table. La serveuse se pencha vers lui et demanda, « et pour toi mon nouir (noir avec l'accent québécois) qué tu vas prendre » et Senghor de répondre placidement, « un café, ma graindе ». J'étais probablement le seul à savoir que « nouir et graindе » étaient des termes affectueux. Mon admiration pour le grand homme, déjà immense, ne fit que grandir.

LA DIRECTION DES FINANCEMENTS

Responsabilités

Ma fonction de directeur des Financements commençait par la sélection des projets en relation avec chaque département ministériel, exercice qui pouvait donner lieu à des situations cocasses. Au ministère du Développement rural, le directeur de l'hydraulique proposa de réaliser une étude sur la relation entre le fleuve Sénégal et la nappe d'Amder en Adrar. Dans un geste théâtral, le secrétaire général du ministère Ould Samba Nour se leva en agitant les mains « Che ekhladht dteir we bakhnouss », quelle parenté peut-il avoir entre un oiseau et un fauve ? Il y a une distance d'environ sept cents kilomètres entre les deux sites évoqués…

Pour chaque projet, une requête devait être adressée aux bailleurs de fonds intéressés. Le financement obtenu, un ou plusieurs appels d'offres sont lancés. Ils sont en général internationaux pour les grands ouvrages et locaux pour des travaux comme les constructions de classe ou de dispensaires. Les entreprises locales étaient classées de catégorie 1 à catégorie 6 suivant la difficulté des travaux à réaliser. Ce classement est basé sur le nombre et la qualité des équipements ainsi que sur la présence de personnel qualifié dans l'entreprise. Il servait à empêcher les offres fantasques ; il allait être bouleversé par une loi décidée par le président Maaouya conduisant à la disparition de nos entreprises de BTP les plus performantes, EGB, PEREVET, ECT, ERB, entre autres. Cette loi contribua aussi à créer une gabegie qui perdure encore. À titre d'exemple, Veten Ould R'Gueybi (paix à son âme), PDG de EGB concourrait à la réalisation d'un barrage en Assaba. Au moment de déposer son dossier, il rencontra un « assidu » des ministères. Les « assidus » sont une classe de sans-gêne qui prétend connaître chacun et est familière avec tout le monde. Ils abordent les ministres comme s'ils avaient partagé les bancs de l'école, donnent leurs avis sur tout et essayent, sans capacité ni moyens, de devenir entrepreneurs. On les appelle les entrepreneurs cartable, référence au seul outil qu'ils possèdent. Avec familiarité, l'assidu demanda à Veten s'il est venu concourir pour le barrage et quelle enveloppe financière il pensait mettre. Innocemment, Veten donna un chiffre de quelques centaines de millions. L'assidu répondit, moi je n'ai proposé que 60 millions. Ainsi, il gagna le marché, demanda et obtint une avance de démarrage de 15 %, soit neuf millions d'ouguiyas, puis il disparut dans la nature…

Je veillais particulièrement à entretenir des relations de partenariat avec les bailleurs de fonds et à éviter les conflits en respectant autant que possible leurs politiques et procédures. J'étais non seulement chargé de trouver des financements, j'étais l'ordonnateur national délégué pour tous les payements réalisés sur des fonds extérieurs ; je disposais aussi d'un des visas de conformité nécessaires à la validation de tout contrat de marché public.

À l'automne 1979, il est décidé de mettre en place une quatrième réforme du système éducatif qui, après une période transitoire de 6 ans, devait être appliquée en 1985. Cette réforme reposait sur les principes suivants : « Officialisation de nos langues nationales, transcription de nos langues nationales (Pulhar, Soninké, Wolof) en caractères latins, création d'un institut de transcription et de développement des langues nationales, enseignement de nos langues nationales qui, à terme, doivent donner les mêmes débouchés que l'autre langue nationale, l'arabe. En effet, les arabisants commencèrent à entrer en masse dans la fonction publique. J'héritais de deux arabisants dont l'un fut nommé conseiller pour les bailleurs de fonds arabes. Je craignais qu'il ne rogne sur mes attributions, mais il s'avéra être une personne intelligente et en bonne entente occupa l'espace que lui permettaient ses qualifications uniquement littéraires. J'avais l'habitude de dire méchamment que la principale qualité des arabisants est de parler leur propre langue. Cette méchanceté n'est pas adressée à ces fonctionnaires, mais est le fruit de ma jalousie personnelle vis-à-vis des Européens. Alors que les Arabes ont délaissé leur héritage scientifique, les Occidentaux s'en sont emparés et l'ont perpétué. Ibn Khaldoun, dans son livre *Le Livre des Exemples* (*Kitab Al Ibar*) établissait la filiation entre l'homme et le singe en 1378, soit presque cinq siècles avant Charles Darwin et son *Origine des Espèces*. En 1242, Ibn Nafis décrit la circulation du sang dans le corps humain, reprise par William Harvey en 1628, soit quatre siècles plus tard. Mais, Darwin et Harvey ont eu des héritiers qui ont perpétué et enrichi leurs théories, Ibn Khaldoun ne sera redécouvert qu'au XIXe siècle par… les Occidentaux. En effet, très peu de ceux qui ont suivi l'enseignement universitaire en arabe ont choisi un cursus scientifique. L'avenir malheureusement allait confirmer la faiblesse de cette orientation. L'incurie de l'administration actuelle où, malgré les réformes successives, le français reste la langue effective de travail, alors que les « francisants » se font de plus en plus rares, en est la parfaite illustration.

La route

Parmi les projets les plus emblématiques de notre jeune nation figure la route de l'espoir qui doit relier Nouakchott sur la côte atlantique à Néma, non loin de la frontière avec le Mali. C'était le projet phare depuis Moktar Ould Daddah. Sous le président Haidalla, il restait à réaliser les tronçons Kiffa-Aioun et ensuite Aioun-Néma.

La réalisation de la route Nouakchott-Néma a été pendant une dizaine d'années un enjeu majeur de toute la politique du pays. Le premier obstacle qu'elle a rencontré fut celui de l'adhésion des bailleurs de fonds occidentaux, à leur tête la Banque mondiale. Deux tracés alternatifs étaient proposés par les études, l'un au sud, descendant d'Aleg vers Bogué et Kaédi pour remonter ensuite vers le nord-est, l'autre préférant une ligne quasi droite, qui, d'Aleg remonte vers Kiffa et ensuite continue jusqu'à Néma. Le premier, privilégié par les bailleurs de fonds, desservirait selon eux la Mauritanie utile, là où existent des potentialités économiques, en particulier agricoles. Le second veut englober toute la Mauritanie et lier des zones qui, sinon, seraient à jamais délaissées. Le président Moktar Ould Daddah tenait à la seconde. Il créa même un ministère de la route. Aucun bailleur de fonds occidental ne contribua à ce projet, pourtant fondamental…

La construction de la route, dite « Route de l'Espoir », a commencé au début des années soixante-dix. Lorsqu'elle a été achevée, à Néma, au début des années quatre-vingt, elle couvrait 1 200 km et réalisait l'unification physique du pays, en désenclavant les six régions les plus peuplées et les plus riches au sens agropastoral du terme.

L'entreprise chargée depuis le départ de ce projet est une entreprise brésilienne nommée Mendes. Une petite réaction des autorités mauritaniennes au boycott occidental ? Au moment du coup d'État qui a fini par porter Haidalla à la tête de l'État, le ministère de l'Équipement était occupé par Jibril (Gabriel) Saint-Pierre, un colonel de l'armée qui trouva le projet de contrat du tronçon Kiffa-Aioun sur son bureau et se hâta de le signer. Le bailleur de fonds principal, le Fonds saoudien de développement (FSD), refusa d'entériner le contrat. Le Gouvernement décida d'envoyer le ministre des Affaires étrangères, M. Mohamed El Moktar Ould Zamel (paix à son âme), qui demeura deux semaines à Ryad sans obtenir la reconnaissance du contrat. Se justifiant devant son Roi, qui s'enquérait de la raison de ce refus, le ministre des Finances du Royaume saoudien, par ailleurs directeur général du FSD, dit n'avoir fait que respecter les lois du Royaume.

Une semaine après le retour de M. Zamel, celui-ci conseilla au gouvernement de m'envoyer rencontrer le Fonds saoudien pour tenter de débloquer le contrat. Je demandai que Cheikh Ould Sid'Ahmed, alors directeur de l'Équipement, et la société Mendes m'accompagnent. Mendes se rendrait par ses propres moyens et ne serait pas dans le même hôtel que nous. Nous arrivâmes à Ryad et fûmes plutôt bien accueillis. Le lendemain, dans les locaux du FSD, nous avons commencé à réviser le contrat, prix unitaire par prix unitaire, rubrique par rubrique et chaque fois que nous mettions d'accord, nous soumettions notre résultat à Mendes qui l'approuvait. Le contrat fut vite modifié avec une économie de 30 %. Le travail achevé, le directeur technique du FSD m'invita à manger chez lui. J'en fus très surpris ; j'avais l'habitude d'inviter les bailleurs de fonds à mon domicile, et étais habitué à ce que les invitations auxquelles, eux, nous conviaient se tiennent dans des restaurants. Bizarrement, je ne vis ni sa femme ni ses enfants, au contraire de nos habitudes où la famille venait saluer l'hôte. Après le repas, il m'invita à une promenade en utilisant le mot « N'godtrou », marcher, qui est une expression typiquement maure et bédouine qui n'est plus utilisée que par les habitants arabes du désert. Alors que nos pieds s'enfonçaient dans les dunes mitoyennes, il me dit en substance ceci « si vous voulez voler, ne rendez pas le Fonds saoudien complice ». Je dus expliquer que notre ministre qui venait de prendre ses fonctions avait trouvé le contrat devant lui et l'avait signé sans arrière-pensée, étant donné l'urgence de la route. Le contrat fut approuvé.

L'existence de cette route et des points d'eau creusés par Mendes sur son parcours a favorisé un processus de sédentarisation des populations essentiellement nomades et une concentration des pressions humaine et animale sur un écosystème déjà fragilisé par la longue sécheresse des années soixante-dix et 80, durant laquelle le déficit pluviométrique était de 40 à 50 pour cent de la normale. Les établissements humains ont eu plusieurs conséquences dont la destruction du couvert végétal, qui a accentué la désertification et, les vents aidant, le mouvement des sables et l'ensablement de la route sur des endroits de plus en plus nombreux et sur des tronçons de plus en plus longs. En 1991, le tronçon Nouakchott-Boutilimit était ensablé sur plus de 60 pour cent de sa longueur.

Les grandes sécheresses

Les sécheresses ont été comptabilisées par Toupet (Les grandes sécheresses de la Mauritanie) :

- 1810-1811 : L'année de la grande soif de Laghlal.
- 1865-1866 : Famine à Tichit, Ouadane et Chinguitti.
- 1889-1890 : Sécheresse générale telle qu'un moud (3,4 kg) de grains était échangé contre une adila de sel (50 à 70 kg) alors que traditionnellement une adila s'échangeait contre 15 charges de grains, soit 1 500 kg.
- 1910-1916 : Normale des pluies 367 mm à Saint-Louis, mais seulement 150 mm en 1913.
- 1940-1941 : Les récits des Rguebat Legouicem indiquent que la sécheresse les a contraints à se réfugier dans l'Oued Draa.

Ayant perdu une grande partie de leur cheptel, les anciens nomades ont, dans un premier temps, survécu grâce à une aide alimentaire acheminée par la route, mais le temps passant, ils ont mis sur pied d'autres activités économiques, notamment de petits commerces, facilitées par l'existence de la route. Ils ont en grande partie vendu leur bétail ou ce qui en restait à des fonctionnaires ou à de riches commerçants scellant ainsi définitivement la fin du nomadisme.

Les activités de la population sédentarisée, comme l'élevage de petit bétail et le ramassage de bois de feu le long de la route, ont dégradé encore plus le couvert végétal déjà fragilisé par la sécheresse. La destruction de ce couvert a favorisé l'érosion éolienne.

La décennie commençant en 1978 a connu par sa part une des plus grandes sécheresses de l'histoire du pays caractérisée, en particulier, par une occurrence sans précédent de vents de sable. Il y avait en moyenne 249 jours de vent par an. Le sable était transporté non par l'harmattan, ce vent d'Est brûlant que les populations connaissent bien, mais par un vent du nord-ouest provenant de l'Azeffal. La route pouvait être couverte sur des dizaines de kilomètres par endroit.

Conséquences

Le débit du fleuve, mesuré à Bakel, n'était plus que de 1 429 mm/s contre 1 700 mm3/s au début de la grande sécheresse en 1972. Sélibabi ne reçoit que 47 % des pluies normales et Rosso, seulement 19 %. Les conséquences de cette sécheresse auront un impact définitif sur la sociologie du pays.

Dans cette terrible sécheresse, non seulement le bétail est vendu, mais l'épargne dont le symbole est « Ekhlal » (lourd bracelet en argent porté à la jambe au-dessus de la cheville par les femmes) est aussi vendue pour subvenir aux besoins, en particulier, d'installation dans les villes.

La paupérisation des nomades a aussi pour conséquence un exode massif vers les villes. Ils vont essaimer de petites bourgades le long de la route, mais la majorité finira par venir à
Nouakchott. Là, dans un face-à-face sévère, mais non violent avec l'État, ils vont imposer les « gazra » (littéralement arrachement, appropriation forcée et sans contrepartie de terres d'habitat), qui seront la cause du développement anarchique de la ville.

La hiérarchie des castes se distend, les griots deviennent des artistes se produisant pour leur propre compte, les forgerons sont désormais des artisans créant des coopératives et réalisent des objets qu'ils marchandent, et les esclaves se libèrent.

Les esclaves ainsi que les Haratines (essentiellement métayers dans l'agriculture et l'élevage) se trouvent ainsi libérés de leurs attaches, mais sans emploi, ils émigrent, eux aussi, vers les villes et surtout vers Nouakchott, où sans instruction ni qualification, ils se tournent, dans une sorte de « açabiya » (solidarité clanique), vers les membres de leur tribu qui les prennent comme servants à domicile, mais rémunérés. La fonction de boy apparaît et va servir, par la mobilité qu'elle procure, de tremplin à l'ascension sociale des anciens esclaves. Ils peuvent désormais s'engager chez quelqu'un d'autre, même sans relation d'affiliation. Ils peuvent devenir blanchisseurs ou faire un autre métier ne demandant pas de grandes qualifications. Cette libération est générale dans toutes les ethnies peuplant le pays.

Le déplacement des populations vers le sud à la recherche des pâturages rétrécit l'habitat des espèces sauvages poussées de plus en plus vers le 27e parallèle et au-delà. Lente au début, cette migration s'accélère au fil des ans. On trouvait encore des troupeaux de gazelles à Toueyla à

40 km au nord de Nouakchott, et à la fin des années quatre-vingt des hyènes attaquaient toujours les animaux domestiques dans le Âdft au Gorgol. L'annuaire statistique de la Mauritanie édition 1969 rapporte « Forêt classée d'Aioun, population recensée 49 éléphants ».

En 1970, il y avait 10 000 000 hectares (ha) de forêts, en 1982 il y en avait 3 500 000 ha et en 1997 seulement 433 900 ha. Les activités de l'homme défrichement, coupe, production de charbon de bois ont contribué grandement de ces destructions. L'affaiblissement ou la quasi-disparition de l'administration des eaux et forêts a renforcé ces actions.

L'entretien routier

Les routes étaient coupées par les dunes qu'il fallait contourner au risque de s'ensabler dans des sols mous, sans consistance. Cela entraînait des situations affligeantes ou dramatiques. À quatre-vingt-dix kilomètres de Nouakchott vers Boutilimit, se trouve un petit village, Tenadi où la route se couvre de dunes une fois par semaine sans que les habitants lèvent le petit doigt pour écarter le sable. Et si un accident survenait ce qui était fréquent, ils se contentaient de l'observer avec placidité sans bouger de leur établissement. Et pourtant, c'est par cette route que leur vient l'aide alimentaire qu'ils s'empressent de réceptionner. Hors des routes, des gens se perdaient parce qu'ils avaient dévié trop loin, parfois, ils mouraient tout simplement de soif, n'ayant pas retrouvé leur chemin.

Trois ou quatre ans après leur achèvement, les premiers tronçons de la route commencèrent à se détériorer à telle enseigne qu'ils devenaient impraticables. Un ambitieux programme d'entretien routier fut conçu avec l'assistance de la Banque mondiale. Mais, invité à venir négocier le financement du projet, notre délégation se heurta à un refus catégorique d'un certain Francis, chef de service des infrastructures à la Banque et ce, malgré un télex d'invitation que lui-même nous a envoyé. En tant que chef de délégation, je demandai que nous soyons reçus par son supérieur. Celui-ci est un Égyptien du nom de Sami Darwich ; il convoqua Francis et commença à l'engueuler copieusement. « Francis tu es idiot, Francis tu es incompétent, Francis tu es… » Nous avons baissé nos têtes, extrêmement gênés, même un esclave ne tolérerait pas ce traitement ; Francis, rougissait et palissait, rougissait et pâlissait encore, mais ne dit pas un mot et approuva le financement du programme. L'affaire a, semble-t-il, fait du bruit et atteint David Knox, vice-président Afrique de la Banque qui demanda à nous recevoir pour s'excuser du malentendu. J'en profitais pour lui donner une invitation par lettre du Gouvernement qui m'a été confiée à son intention.

Monsieur Knox accepta l'invitation. J'eus la mauvaise idée de lui faire visiter Atar en période de Guetna, en plein mois de juillet. Nous empruntâmes un petit avion appartenant à la SNIM et arrivâmes à destination à neuf heures du matin. Il faisait déjà quarante degrés à l'ombre et l'harmattan soufflait avec sa vigueur habituelle. Accueillis par le gouverneur de l'Adrar, nous avons continué sur Teyarett, un des oueds les plus prospères de la région. Nous ne descendîmes pas la passe de N'tarazi qui menait vers l'Oued. En effet, M. Knox semblait mal supporter la chaleur ; il transpirait et suait abondamment. Nous sommes revenus à la résidence du gouverneur où il resta cloîtré dans sa chambre jusqu'à cinq heures de l'après-midi. De retour à l'aérodrome, nous attendions notre petit avion, M. Knox s'accouda sur la voiture et posa sa main sur son capot, son visage rougit d'un coup et une fontaine de sueur s'en déversa. Lentement, il mit sa main dans sa poche. Quel flegme me dis-je !

AVEC HAIDALLA

À la recherche d'une légitimité

Plus tard, Haidalla entreprit une large visite de pays amis, dont le premier, la Chine. Ce pays, longtemps ostracisé par les Occidentaux, a bénéficié du soutien indéfectible et infatigable de la diplomatie mauritanienne, qui, forte de son appartenance à l'Organisation de l'Unité africaine, à la Ligue arabe, à l'Organisation des pays islamiques et au mouvement des non-alignés, n'a eu de cesse de promouvoir dans les pays membres de ces organisations, la rupture avec Taiwan et la reconnaissance de la République populaire de Chine, et ce, avec un succès certain. Ainsi, en 1971, Moktar Ould Daddah, alors président de l'OUA, fut invité, lors de la réunion annuelle de l'ONU à New York, à rencontrer le président des États-Unis, M. Nixon. Celui-ci lui posa de multiples questions sur l'Afrique et en particulier sur le conflit tchadien qui faisait rage à l'époque. Alors que l'entretien semblait prendre fin, Daddah demanda à Nixon de lui permettre une parenthèse ; « Faites donc, Monsieur le Président, faites donc. » répondit Nixon et Daddah dit « Monsieur le Président, une nation comme la vôtre ne peut se permettre d'ignorer le quart de l'humanité », faisant allusion à la non-reconnaissance diplomatique de la Chine Populaire par les U.S.A. Cette intervention a sans doute contribué au regain par la Chine de son siège de membre permanent du Conseil de Sécurité de l'ONU. Toujours est-il que dans son discours de bienvenue Deng Tsiao Peng a rendu hommage aux efforts de notre pays. « ... Dans mille générations, la République populaire de Chine n'oubliera jamais la solidarité et l'amitié de la République islamique de Mauritanie ».

Quant à moi, je me frottais les mains. Avec Sow Deina, Directeur des Infrastructures, nous avons apporté quelques projets bien ficelés que la RPC ne manquera pas d'approuver. Malheureusement, nous n'étions que la cinquième roue de la charrue, Haidalla avait ses propres conseillers, des idéologues totalement déconnectés de la réalité, ils ne cessaient de nous demander à Sow Deina et à moi, ce que nous pensions du Sahara occidental. Le pauvre Sow Deina ne savait pas à quoi riment ces questions et se contente de marmonner quelque chose d'assez inintelligible pour être pris pour une approbation (de quoi ?). Moi, je leur répondais en espérant qu'ils allaient vite rapporter mes propos à Haidalla, « le Sahara est une partie de la Mauritanie que le Polisario et le Maroc nous ont enlevée ». Nous avons quitté la Chine les mains vides et les valises pleines de livres de propagande.

Direction, le Koweït, nous sommes reçus en grande pompe par l'émir Al-Jaber Al-Ahmed Al-Jaber Al-Sabah. Une réunion des deux délégations fut tenue le lendemain. Une question taraudait les Koweitiens. « L'ancien président Moktar Ould Daddah nous a demandé d'offrir une bourse d'études à tout Mauritanien, quelle que soit son origine ethnique afin que dans chaque foyer, à côté d'un membre parlant français il y ait un membre parlant arabe. Vous, Monsieur le Président, avez décidé d'enseigner les langues locales et de les transcrire en alphabet latin, nous ne comprenons pas ce changement ». La réponse de Haidalla fut brève et confuse « S'ils partent, ils seront remplacés » (par des Sahraouis ?).

En effet, confronté au problème, soi-disant, des Négro-Africains (ethnies autres que les Maures), Haidalla ne trouva rien de mieux que d'instaurer l'enseignement en langues vernaculaires, transcrites en alphabet latin, et, bien sûr, ce fut un énorme échec. Les populations négro-africaines demandent elles-mêmes le retour au système d'enseignement précédent.

Et puis, l'Irak où nous accueille avec sa gouaille et sa bonhomie habituelles Saddam Houçein. Il venait depuis peu d'écarter son oncle Ahmed Hacen Al Bakr et d'achever les purges du parti Baath. Une atmosphère de violence semblait tout imprégner. La voiture qui nous a été affectée, mon collègue et moi, avait un trou dans le pare-brise juste en face du chauffeur ; je me demandais s'il s'agit de l'impact d'une balle. Saddam nous fit visiter la ville et à un moment, devant un hôpital flambant neuf, une femme se précipita vers lui en criant ; j'étais pétrifié ; deux gardes l'encerclèrent et Saddam se pencha vers elle pour l'écouter et de sa voix tonitruante cria à un de ses collaborateurs « Dezzha ». Pauvre femme, me dis-je en mon for intérieur. « Dezzha » peut avoir plusieurs significations, frappe-la, fais-la tomber, etc. En l'espèce, Saddam Hussein avait demandé que son nom soit porté sur la liste de doléances à satisfaire. La femme se plaignait qu'elle n'avait pas les moyens de soigner sa mère retenue à l'hôpital.

Nous retournâmes à Nouakchott, Sow Deina et moi n'avions pas eu l'occasion de présenter nos projets, mais Haidalla a sans doute obtenu ce qu'il cherchait, une stature de chef d'État.

Les structures d'éducation des masses

De l'avis de tous, Haidalla était un homme intègre et foncièrement honnête. Mais, il était un militaire et non un homme politique. Crédule, on dit de lui que « son informateur ne ment jamais ». Cherchant une voie de gouvernance, il s'entoura d'idéologues qui lui conseillèrent de créer une structure politique pour encadrer les populations ; c'est ainsi que naquirent les Structures d'éducation des masses. Ce cadre, couplé à l'instauration de la Charia comme unique source de loi, a été un désastre. Une photo de la couverture d'une édition de *Paris Match* montrait un voleur dont on venait de couper la main, escorté de policiers. Les structures d'éducation de masses se transformèrent en gardiennes des mœurs réprimant, en particulier, toute relation homme femme qui leur semblait douteuse. Ainsi, les automobiles transportant des personnes de sexe opposé sont arrêtées et ceux-ci doivent produire un certificat de mariage ; les lieux déserts où des personnes pouvaient se rencontrer loin des regards sont surveillés. Lors d'une de ces réunions où des amis se rencontrent pour manger, boire du thé (à l'infini), un de nos camarades, Sidi, a dérobé la voiture de son ami, M'boyrik et s'est rendu chez une copine qu'il a embarquée, comme on dit familièrement, puis a filé vers un de ces lieux déserts. Problème, le propriétaire de la voiture s'en est immédiatement rendu compte et le suivit en empruntant un autre véhicule. Il attendit patiemment que les deux amoureux aient commencé à prendre leurs aises ; il sortit du véhicule en faisant claquer les quatre portières pour faire croire à une brigade de police. Pas encore tout fait nus, les suivis sautèrent de la voiture chacun courant de son côté. M'boyrik poursuivit Sidi en criant « attrapez-le, attrapez-le » s'adressant à sa brigade fictive. Sidi finit par se heurter à une motte de terre et se redressa en s'accroupissant ; M'boyrik le rejoignit et l'apostropha « que fais-tu ici » et Sidi qui n'a pas reconnu la voix, répondit, encore tremblant, « je suis en train d'uriner ». La scène se termina par des fous rires…

Les fonctionnaires

Mon expérience dans l'administration publique m'a appris à distinguer les catégories de hauts commis de l'État.

Le fonctionnaire type porte la tête bien haute, non par fierté, mais pour la plupart, par dédain de l'administré. Le fonctionnaire est en général très propre et ses mains sont douces comme de l'ouate, n'ayant jamais soulevé qu'un stylo.

Il y a ceux qui sont utiles à eux-mêmes et au pays. Ils ne sont pas légion, parmi eux, à titre d'exemple, j'aime citer feu Hamdi Ould Meknass, ancien ministre des Affaires étrangères, ou Baro Abdoulaye, Ahmed Ould Sidi Baba, anciens ministres d'État, ou Mohamed Salem Ould Lekhal et qaqMassoud Ould Belkheir, ministres sous Maaouya.

Massoud Ould Belkheir, militant de la première heure de la cause des Haratines et du mouvement d'émancipation des anciens esclaves « El Hor » a fini par accepter de devenir ministre de la République, convaincu que le progrès de la cause pouvait être servi de l'intérieur. Il fut nommé ministre du développement rural. Je le rencontrais souvent, son département étant celui qui a le plus de projets en recherche de financement. Puis, nous finirent par nous voir dans son bureau tous les mardis vers 13 heures. Un jour, il m'a interpellé en plaisantant, « Tu devrais cesser de me rencontrer, chaque fois que tu viens me voir, il y a un remaniement ministériel, je ne veux pas être le prochain à prendre la porte ». En effet, durant cinq semaines successives, le Président procéda à plusieurs remaniements.

Boubacar Ould Messaoud est un des autres leaders du mouvement « El Hor ». Alors que ces prédécesseurs se sont succédé à la tête de la Caisse nationale de Sécurité sociale sans jamais réaliser grand-chose, il eut le mérite de la doter d'un siège social de plusieurs étages d'une architecture tout à fait nouvelle en Mauritanie. Plus tard, il fut nommé à la tête de la SOCOGIM où il réalisa plusieurs projets d'habitat, dont le quartier dit SOCOGIM TZ.

Pour réaliser ce projet immobilier, il manqua à la fin de ressources et me demanda de lui trouver des fonds auprès des donateurs, le Fonds saoudien accepta que nous utilisions les fonds non utilisés d'un projet achevé. En reconnaissance, il me dit de choisir un de ces logements, en contrepartie je devais payer 17 000 ouguiyas par mois, je déclinais fermement, cette somme représentait 75 % de mon salaire. D'autres fonctionnaires acceptèrent ce contrat, mais SOCOGIM ne reçut jamais le moindre payement. En droit, ces maisons lui appartiennent toujours !

Il y avait aussi Youba Ould Cheikh Bennani, un ingénieur agronome, directeur général de la SONADER, société chargée de faire réaliser les ouvrages pour les périmètres destinés à l'agriculture irriguée comme le Gorgol noir ou les petits périmètres irrigués de Bogué, etc. Youba avait pour secrétaire Sadia, une Mauritanienne d'origine libanaise qui était la femme du futur président Maaouya. La SONADER drainait la majorité des financements destinés au pays et Youba était un personnage simple qui entretenait de très bonnes relations avec les bailleurs de fonds.

Ceux qui sont utiles à eux-mêmes et indifférents à l'État. L'un d'eux est relativement connu pour se gratter la tête quand il s'agit de prendre une décision, sans jamais se décider. Pourtant, sa pérennité dans de hauts postes ministériels ou équivalents a résisté à tous les changements gouvernementaux. Ces semblables, très nombreux, hochent la tête en signe d'assentiment à la moindre parole du chef, ils ne prennent jamais d'initiative de crainte d'être suspectés d'avoir une opinion.

Ceux qui sont utiles à l'État et indifférents à eux-mêmes. Ils sont peu nombreux. Cette indifférence veut dire qu'ils n'utilisent pas leurs positions au sein de l'État pour s'enrichir ou acquérir plus de pouvoir.

Parmi le commun des personnes, il y a ceux intéressés par la politique à travers le parti d'État. Les plus nombreux sont les laudateurs. L'un d'eux s'adressant au président Maaouya, « Un poids qui me pesait m'a été enlevé. Je viens d'apprendre que vous avez un fils, et qu'ainsi, votre succession à la tête du pays est assurée ». Même le Président a dû se sentir gêné par autant de fumisterie…

Le 16 mars

En 1981, le 16 mars, une tentative de coup d'État, organisée par des éléments du mouvement militaire et d'opposition Alliance pour une Mauritanie Démocratique (AMD), a été menée par le lieutenant-colonel Ahmed Salem Ould Sidi et le lieutenant-colonel Mohamed Abdelkader. Elle a donné lieu à de violents combats dans la capitale Nouakchott, avant que les conspirateurs ne soient vaincus par les troupes fidèles au chef de l'État, le colonel Haidalla.

Les deux principaux instigateurs ont été accusés par le Comité militaire de Salut national (CMSN) de haute trahison, désertion, meurtre et intelligence avec l'ennemi. Abdelkader (ancien commandant de l'armée de l'air) a été tué dans les combats, tandis que Ould Sidi (ancien vice-président du CMSN) a été exécuté. Un autre personnage civil, supposé commanditaire, Haba, richissime homme d'affaires, resta au Maroc où, soi-disant, les putschistes auraient organisé leur tentative ; cependant, ces biens furent saisis et vendus.

Le 25 avril suivant, Haidalla et le CMSN ont décidé de remplacer le gouvernement civil naissant de Sid'Ahmed Ould Bneijara (nommé le 12 décembre 1980) par un gouvernement militaire dirigé, en qualité de Premier ministre, par le colonel Maaouya Ould Sid'Ahmed Taya.

VOYAGES

Parcourir le monde

Mon expérience à la Direction du Financement m'a permis de visiter beaucoup de pays. Le terme visiter est exagéré, en réalité les conférences ne permettaient que de rares sorties et donc, seulement des impressions, parfois fugaces.

Air Afrique était notre transporteur le plus courant pour sortir d'Afrique. Air Afrique a été constituée le 28 mars 1961 par un accord liant onze États africains francophones. Cet accord résulte du constat qu'aucun de ces pays n'a alors les moyens financiers de créer seul une compagnie aérienne internationale, mais aussi de la volonté de créer une grande compagnie participant à l'intégration africaine.

Détenant chacun 6,54 % du capital, les onze pays fondateurs en sont : le Cameroun ; la République centrafricaine ; le Congo-Brazzaville ; la Côte d'Ivoire ; le Dahomey ; le Gabon ; la Haute-Volta ; la Mauritanie ; le Niger ; le Sénégal ; le Tchad. La SODETRAF (UTA majoritaire et Air France) détient 33 % du capital et un tiers dispose du solde. Le siège de la compagnie est symboliquement installé à Abidjan et le premier directeur général (1961-1973) en est le Sénégalais Cheikh Boubacar Fall.

Les premiers vols ont lieu le 15/10/1961 avec un Super Constellation loué à Air France.

Le réseau Air Afrique s'étoffe rapidement pour desservir vingt-deux pays africains, l'Europe (Bordeaux, Lyon, Marseille, Nice, Paris, Genève, Zurich, Rome, Las Palmas) et New York City.

Air Afrique a été durement touchée par les chocs pétroliers et n'est pas arrivée pas à rétablir son équilibre financier.

Déclarée en faillite le 7 février 2002, elle est mise en liquidation le 27 avril 2002. Pour ma part, je considère que sa faillite est due principalement au personnel de bord (essentiellement sénégalais). En effet, pour ce personnel, la réservation ne donne aucun droit à l'embarquement, leur volonté est reine.

Deux anecdotes résument ce comportement. En mission au Mali, je reçus un télex m'intimant de rentrer toute affaire cessante, je me rendis à l'aéroport où un agent m'annonça que l'avion est plein. J'ai demandé à rencontrer le chef d'escale, on m'informa qu'il était chez lui. Un agent accepta de m'y amener contre 5 000 FCFA. Je rencontrais le chef d'escale assis sur son « iliwich » (tapis de prière laineux en peau de mouton). Je déclinais mon identité, il sauta littéralement de son tapis sur lequel il me fit assoir. Je commençais à lui expliquer mon urgence, il m'interrompit « l'avion est mon avion, il partira quand je le déciderai et tu embarqueras ». Et, il prit un mouton et commença à l'égorger en mon honneur (!) ; c'était un talibé… Nous finîmes par rejoindre l'avion, et moi d'embarquer dans un appareil aux deux tiers vides.

Dans la seconde anecdote, j'étais déjà bien assis dans mon siège quand un steward m'interpella d'un ton sec, « levez-vous et prenez un autre siège ». J'étais à l'avant de l'appareil dans la rangée centrale qui comprend quatre sièges et il y avait bien d'autres « quatre sièges » vacants. En fait, il voulait installer une famille et leurs enfants dans ce premier rang, je refusais à cause du ton avec lequel il m'a interpellé, il fit venir le pilote qui m'ordonna de me déplacer, je refusais toujours ; « si vous ne vous exécutez pas, l'avion ne va décoller » « bien », dis-je, « je vais vous débarquer », « essayez voir », il marmonna quelque chose en wolof et s'en alla.

Pour aller vers les autres villes du pays, il faut prendre Air Mauritanie. Fondée en 1962, Air Mauritanie a effectué ses premiers vols de manière régulière en 1963, avec la mise en service d'un DC3 qui permettait de relier les principales villes du pays.

En 1976, Air Mauritanie débuta ses liaisons internationales avec des vols à destination de Dakar au Sénégal, grâce à l'achat de deux Fokker F27. En 1985, Air Mauritanie développa son réseau international avec des vols à destination de Casablanca (Maroc) et de Bamako (Mali) et même d'Abidjan. Je me souviens toujours, avec fierté, de femmes africaines disant « Nous, on préfère Air In Cha Allah », nom qu'elles donnent à la compagnie en raison du qualificatif islamique accolé à Mauritanie. Il faut avouer, pour avoir voyagé avec elle, de ou vers Abidjan, que son service est impeccable. Durant quelques années, elle a gagné beaucoup d'argent vite détourné par deux directeurs généraux successifs que les lecteurs mauritaniens reconnaîtront. Le 19 janvier 2008, la compagnie fut mise en liquidation judiciaire…

Les voyages pouvaient être parfois dangereux. Avec Mme Ann Amadou Babaly, alors ministre du Plan, nous avons pris l'avion de Bagdad après une mission auprès du Fonds irakien de développement. Le protocole nous a fait embarquer avant les autres passagers ; en voyant ceux-ci monter, je fus très surpris, par les femmes en particulier. Leurs cheveux découverts étaient peignés aux dernières modes, leurs visages étaient fortement maquillés et leurs lèvres brillaient de rouge. Sont-elles seulement musulmanes, me demandais-je ? L'avion décolla et, à peine deux minutes plus tard, une sonnerie stridente retentit et le signal « attachez vos ceintures » commerça à clignoter (véhément). Je regardai par le hublot, une longue langue de feu s'échappait du réacteur. Les cris, suivis de sanglots, submergèrent la cabine et puis se turent. Chaque femme sortit de son sac un exemplaire du Coran, les hommes aussi sortirent le livre saint. Je continuais à regarder par le hublot ; peut-être pouvais-je l'ouvrir et sauter de l'avion, peut-être pouvais-je… Puis, toute ma vie, mes êtres chers défilèrent devant mes yeux. Enfin, une sérénité incroyable m'envahit et je me replongeais dans le livre que je lisais. Ce n'était pas le Coran, tant s'en faut, mais *Le Zéro et l'Infini* d'Arthur Koestler sur les purges staliniennes des années trente. L'avion dut revenir à l'aéroport de Bagdad, mais, il mit trente minutes pour ce faire ; il lui a été enjoint de contourner la ville pour ne pas tomber sur les habitations. Qui suis-je donc pour juger les autres ?...

Une autre fois, je devais accompagner l'estimé El Yassaâ Ould Soueid Ahmed, alors ministre des Finances à Riyad en Arabie saoudite. Le périple sera long ; Nouakchott, Dakar, Paris, Genève, Djeddah, Riyad. Puis le ministre apprit qu'un C130 de l'Arabie saoudite venait livrer du matériel et devait repartir à Riyad, il demanda donc d'y faire le voyage et !'autorisation lui fut accordée. Le C130, n'est qu'un cargo sans sièges passagers ; un tapis rouge épais était étalé sur sa cabine, sans doute pour éviter les éraflures que pouvait causer le matériel transporté. Nous nous installâmes donc sur le tapis. Cinq minutes après le décollage de l'avion, serrés l'un contre l'autre, nous grelottions. La cabine n'était pas pressurisée. Heureusement, un membre de l'équipage est descendu du poste de pilotage pour satisfaire un besoin et s'est rendu compte de notre état. Il nous fit grimper dans le poste de pilotage où se trouvaient deux de ses collègues. Après 13 heures de vol, nous atterrîmes à l'aéroport de Riyad. Pendant que nous attendions nos bagages, un homme assis à côté d'un brasier nous servit du café arabe. Ce café est particulier, il a une couleur jaune verdâtre, est servi, on dirait, presque avec parcimonie, dans de toutes petites tasses. Le ministre prit une tasse et la but, il grimaça, une deuxième lui fit servie, il l'avala aussi, son visage commença à changer, quand il prit la troisième, je pouvais presque entendre battre son cœur. Quand on voulut lui servir la quatrième, il enfonça la tasse de café dans la poche de sa veste. J'eus le tort de ne pas lui indiquer auparavant qu'il faut secouer la tasse après avoir bu pour montrer que vous n'en voulez plus.

Mais, ma première sortie à l'étranger fut pour accompagner le ministre du Travail à l'Assemblée générale de l'OIT à Genève, siège de l'organisation. Le périple était Nouakchott-Dakar-Nice. Nice où nous devions passer la nuit. À l'époque, les compagnies aériennes prenaient en charge la nuitée des personnes en escale. Nous fûmes logés au Negresco ! Le lendemain, nous atterrîmes à Genève ; à la sortie de l'aéroport, nous hélâmes en taxi, nous n'avions aucune idée de l'hôtel où nous allions loger. Le taximan m'entendant m'adresser à M. le Ministre par sa fonction nous proposa l'hôtel Beau Rivage. Le hall de l'hôtel était aussi vaste qu'une gare ; dans des fauteuils dispersés çà et là se vautraient des personnes le plus souvent âgées. Après enregistrement, le ministre me demanda de m'enquérir du coût de l'hôtel, il était exorbitant pour nos frais de mission. Nous n'y avons passé qu'une nuit. Le ministre a envoyé un télex à Nouakchott et des frais de mission supplémentaires nous ont été transmis dans la journée. Puis, il m'expliqua qu'il a été rappelé à Nouakchott. Je devais donc continuer à occuper seul le siège de la Mauritanie. Les journées étaient ennuyeuses, ponctuées de longs discours de pays tiers-mondistes auxquels personne, et, surtout pas les pays riches, ne prêtait attention. Ma seule distraction était d'admirer deux paons qui se pavanaient, les queues en éventail, dans la cour de l'OIT. Alors, à mes heures perdues, je marchais dans les rues immaculées de la ville ; c'est vrai qu'elles étaient propres ; un jour, je me promenai et jetai mon paquet de cigarettes vide sur le trottoir, un homme se pencha, le ramassa et me le tendit, « regardez, il y a une poubelle juste devant vous ». Civisme, civisme ; les journaux s'exposaient librement, la personne prenait son journal et jetait une pièce pour son achat dans une sorte de tirelire. Personne ne surveillait.

Mon cousin Nourou faisait des études à Grenoble qui n'était qu'à une centaine de kilomètres de Genève. Le week-end, je prenais le train et allais le rejoindre. Dans la même ville se trouvait un de mes cousins paternels, originaire du Sahara occidental et probablement membre du Polisario, dont il allait d'ailleurs devenir ministre. Nous passions le week-end à boire du thé et à écouter la musique du pays, puis je rentrais à Genève. À mon retour à Nouakchott, je reçus une longue demande d'explication sur ce que j'étais allé faire à Grenoble. En fait, les services marocains surveillaient mon cousin sahraoui et s'inquiétaient de savoir si j'avais eu des discussions politiques avec lui.

Les pays que j'ai le plus visités sont ceux qui abritent des institutions financières régionales ou internationales, en particulier les pays arabes, la Côte d'Ivoire où se trouve le siège de la BAD, Washington où sont logés la Banque Mondiale et le FMI. Mais à l'occasion de réunions annuelles, certaines institutions pouvaient déplacer une rencontre dans un des pays membres.

Ainsi, une assemblée annuelle de la BAD nous a rassemblés à Port-Louis, Ile Maurice, à l'époque, vaste champ de canne à sucre et de plages où se collecte le sel marin. En chemin nous fîmes escale aux Seychelles, je dormais dans l'avion et une tape de mon ministre me réveilla « Goum ya lekhrouv, el hagna » Réveille-toi, espèce de cabri, nous sommes arrivés. Je le soupçonnais d'être jaloux, il n'a pas dormi des neuf heures de vol. Je regardais par le hublot, un sable d'or était arrêté par une eau bleue au milieu de laquelle un arbre occupait tout seul un petit îlot. Le paysage était féérique, encore un peu dans les vapes, je me dis l'avion s'est écrasé et, Dieu merci, je suis allé au paradis…

Une autre Assemblée fut tenue, en Zambie où la chaleur et l'humidité suffocantes ne toléraient aucune excursion. Au zoo, cependant j'ai été fasciné par un éleveur de serpents qui, tranquillement, pour les nourrir, entrait sa main entre des dizaines de serpents entremêlés.

À une réunion de la Banque Islamique de Développement à Dacca, Bengladesh, je fus surpris de voir des colporteurs aussi minces qu'un fétu traîner derrière eux des dizaines de kilos de coton entreposés sur une charrette qu'ils tiraient en trottinant, sans ahaner. Dacca est extrêmement vallonné. Courbés vers l'avant, de leurs minces jambes saillaient deux mollets, grosses boules rondes où résidait leur force de traction.

Avec les réunions ACP-CEE qui avaient lieu alternativement à Bruxelles ou dans un pays ACP, les Européens privilégiaient pour la tenue de ces réunions les pays les plus exotiques. Une de ces réunions eut lieu aux Bahamas, lieu de villégiature de riches Américains résidant dans les luxueux hôtels de Nassau. Je trouvais à loger chez l'habitant à dix kilomètres du lieu de la conférence. Chacun de ces grands hôtels abritait un casino et après les réunions, je restais, explorant le casino de l'hôtel où se tient la conférence. Je fus attiré par une table de black jack sur laquelle était assis un couple d'octogénaires sans doute mari et femme. Ils jouaient avec des piles de jetons de dix mille dollars chacun. À un moment, un barman voulant déposer leurs verres de whisky rencontra malencontreusement le bras de la femme qui s'apprêtait à miser. Le verre tomba par terre, entraînant avec lui des dizaines de jetons. Leur table fut immédiatement encerclée par des gardes en noir que je n'avais pas remarqués auparavant. Heureusement, mon séjour tirait à sa fin. J'ai vécu mes deux derniers jours grâce à une pomme dont je prélevais une petite bouchée avant de la laisser sur le bord de la fenêtre ouverte de ma chambre. Je n'avais plus que vingt-cinq cents en poche. À l'aéroport, je faillis être empêché d'embarquer, car je ne pouvais payer le timbre fiscal de l'aéroport. Je rentrais à New York où des policiers me permirent gentiment de téléphoner à mon ambassade d'où le premier conseiller, Mohamed Yeslem arriva apportant avec lui un sandwich.

Quitter l'administration

Après notre retour du périple de Haidalla, j'avais pris la décision de quitter l'administration et de prendre une année sabbatique… Cette décision était motivée par la déception provoquée par les résultats de notre tournée. Mais bien plus encore, par certaines décisions insensées dont la plus grave a été la réévaluation du cours de l'ouguiya. La valeur nominale de notre monnaie nationale a été fixée à 10 ouguiyas pour 1 franc français. Les autorités monétaires ont décidé que notre « ouguiya » valait bien plus et en dépit des avertissements du Fonds Monétaire International ont fixé ce taux à 7 ouguiyas pour un Franc. Ont-ils été incités à prendre cette décision ? À leur décharge, il faut dire que les personnes occupant les fonctions responsables n'ont pas les qualifications nécessaires. Comme souvent, elles ont été appelées avant la fin de leurs études supérieures parce que le pays manquait de cadres. Je ne mets pas ici leur honnêteté en cause, ce sont de grands serviteurs de l'État. Toujours est-il que les hommes d'affaires s'en sont donné à cœur joie et ont acheté toutes les devises disponibles auprès de la Banque centrale de Mauritanie. Le résultat fut désastreux, pendant cinq ans l'obtention de devises, matérialisée par l'accession au fameux sésame SE4, relèverait du parcours du combattant, engendrant favoritisme et corruption. Et le cours de l'ouguiya MRO a continué à dégringoler de 5 FCFA pour une ouguiya il est tombé à 1,41 FCFA bien que celui-ci ait dévalué de 50 %.

De plus, une chasse aux riches et en particulier aux hommes d'affaires du secteur de la pêche accusée de ne pas rapatrier le produit des ventes réalisées en devises s'organisa. Un de mes promotionnaires du lycée de Rosso fut soustrait de mon bureau par la police. Il s'appelait Niane Abdoulaye et avait deux bateaux de pêche qui furent séquestrés. Il dut s'exiler. Quelqu'un s'est sans doute approprié ses bateaux...

Une atmosphère pesante s'est installée, des hommes allaient jusqu'à cacher leur voiture. Sans doute une des raisons qui a conduit à l'éviction de Haidalla. Il faut dire que Haidalla a été surtout victime de l'incompétence de ses proches qui sont plus des idéologues que des hommes d'action. À son crédit, il faut souligner la réussite incontestable du programme d'alphabétisation des populations, esclaves, haratines et même maures. Ce programme allait d'ailleurs se continuer et se renforcer sous son successeur avec le programme « Al Kitab » (le livre).

Il arrivait aussi que notre pays reçoive des chefs d'État. Parmi ces visites, j'aime raconter cette anecdote. Ainsi, nous avons reçu Nicolae et Elena Ceausescu. Notre protocole accueillait ses visiteurs avec une calebasse de lait et une assiette de dattes. Le protocole roumain attira notre attention sur le fait qu'Elena devait recevoir un bouquet de fleurs. Aussitôt dit, aussitôt fait, un agent du protocole vint en courant brandissant un bouquet de fleurs en... plastique. J'étais présent et le rattrapais in extremis en expliquant qu'il fallait de vraies fleurs. Nous sollicitâmes l'ambassadeur de France, présent à l'accueil, qui fit venir un bouquet de sa résidence, ouf ! Les fleurs sont étrangères à notre culture.

Pertes

Durant cette période mourut un de mes frères aînés, Mohamed Bouya. Sa voiture, une vieille Land rover aux freins douteux tomba de la passe de N'Tarazi, un passage pentu d'à peine 60 mètres de long que les vieilles voitures peinaient à escalader. Il se fractura la cuisse et fut amené à Nouakchott pour soins. Mohamed Bouya faisait à l'époque figure de chef de notre famille ; c'était un homme élancé, très beau et au teint très clair ; il portait une courte barbe et une fine moustache toujours bien coupées.

Deux médecins se trouvaient encore en poste au mois de juillet, ce mois habituel de vacances, un Français et un Mauritanien Dr Ahmedou avec lequel nous avions quelque parenté. Celui-ci nous conseilla de réaliser un plâtre sur la cuisse et de repartir à Atar nous reposer pendant deux mois et ensuite le plâtre sera enlevé. Il pourrait remarcher, même en boitant un petit peu.

Le médecin français imposa plutôt de réaliser une opération qui immobilisera le patient, permettant ainsi aux os de se souder naturellement. Il fallait fixer deux barres verticales parallèles maintenues par une barre horizontale sur ces flancs. Il faut changer régulièrement les pansements pour éviter une infection surtout par ce mois de forte canicule. Et puis, les médecins s'en allèrent en vacances en nous indiquant un infirmier chargé de renouveler les pansements. Nous étions chaque jour forcés d'aller chez lui et l'amener à l'hôpital pour cette opération. Un jour, l'infirmier arriva en retard et une septicémie se déclara. Le blanc des yeux de Mohamed Bouya devint jaune-brun et il mourut presque instantanément. Ce fut une perte immense. La présence même de notre famille à Atar était en cause, car nos occupations nous avaient tous entrainés vers Nouakchott et il était le seul établi dans cette ville.

Cette perte allait se doubler de celle d'un autre symbole. En 1985, au cours d'une inondation sans précédent, des flots d'eau submergèrent la partie basse de la ville. Les oueds alentour, Oum Lemhar, Toueziguit, Tawaz, pour ne citer que les principaux déversèrent leur trop-plein d'eau ; l'eau pénétra le nord de la ville par Aghceicila, et, sans rencontrer d'obstacles sur le sol argileux, sapa les fondations des maisons en banco et continua sur sa lancée jusqu'à Breizet Agzazir où elle fit s'écrouler notre maison familiale. Désormais, nous n'avions plus de présence dans notre ville natale. Par paresse ou par inconscience, je n'ai pas reconstruit cette maison alors que j'en avais la capacité à une certaine époque ; j'ai bien demandé et obtenu l'autorisation des ayants droit, mes frères et sœurs, mais…

NOUADHIBOU

Le poumon économique

J'ai pris donc une année sabbatique et je suis parti à Nouadhibou pour explorer le travail dans le secteur privé. Cette ville est, en effet, le poumon économique du pays. Elle est le port minéralier duquel partent les exportations de fer. Elle est le siège de toute notre flotte de pêche.

Nouadhibou au début du vingtième siècle est un petit comptoir dont l'histoire est intimement liée à la pêche. En effet, au 16e siècle, est largement accréditée l'idée de l'abondance de la morue, vieille ou grosse morue (Azul) sur ces côtes mauritaniennes. Les Portugais s'établissent au fort d'Arguinau (Portendik/actuel Tanit) au 15e siècle. Les 18e et 19e siècles vont connaître une lutte acharnée entre Anglais, Hollandais et Français pour le contrôle de cette zone réputée très poissonneuse. Les Européens collaborent ainsi avec les Imraguens et leurs tuteurs par le biais de troc, mais aussi de pièces d'argent.

Les Imraguens sont affiliés à différentes tribus (Al Guerâ, Ehl Barikalla, Ehl Bouhoubeini, Oulad Bousbâa) auxquelles ils fournissent une graisse de poisson à usage cosmétique aussi appréciée que le poisson lui-même. Ces Bédouins ne mangent pas de poisson, mais ils imposent aux pêcheries européennes un droit de pêche de 6 à 7000 ducats (environ 84 000 euros actuels).

Mais, alors que les pêcheurs européens s'adonnent à une pêche saisonnière, les Canariens eux s'installent plus durablement et commencent à pêcher dès le XIXe siècle au large de Nouadhibou ; ils apportent de nouvelles technologies notamment la lanche qui sera adoptée par les Imraguens. Les Imraguens, pour imiter les Canariens, recevaient de leurs tuteurs des lanches, mais peu fiables, construites en bois d'Ignine (câprier à feuilles caduques) et collées à la sève de l'arbre à soie, tourja). On appelait ces lanches indigènes musilmat (musulmanes) à l'opposé des lanches canariennes qui sont nesraniyat (nazaréennes)…

Nouadhibou est créé en 1906 (donc avant la colonisation française du territoire), La Société Industrielle de Grande Pêche est créée en 1919 et commence vraiment ces activités en 1924, ciblant en particulier les marchés coloniaux de la France en Afrique.

À l'époque, Nouadhibou est ainsi décrit : « Les concombres de mer sont alignés sur le pupitre où jadis Saint-Exupéry écrivit ces mots. « Situé à la lisière des territoires insoumis, Port-Étienne n'est pas une ville. On y trouve un fortin, un hangar et une baraque en bois pour les équipages de chez nous ». « Dans sa solitude brûlante, le regard perdu entre l'océan et le désert, l'actuelle Nouadhibou s'est mollement étendue le long de ces mêmes repères. » écrivit pour sa part Thierry Portes (Le Figaro, Les naufragés du ciel, 04/08/2016)

À l'époque de l'Aéropostale, Nouadhibou, auquel a été donné le nom de Port-Étienne, n'était qu'une petite base aérienne, une presqu'île avec une soixantaine de tirailleurs égarés au milieu d'arbres et de troupeaux de chèvres et de chameaux. *« C'est en plein désert. Il y a bien trois maisons »*, écrit Saint-Exupéry à sa mère. *« Située à la lisière des territoires insoumis, ce n'est pas une ville »*, ajoute-t-il dans *Terre des hommes*. (Pierre Lepidi, dans « Théodore Monod et Saint-Exupéry, ces âmes qui planent sur la Mauritanie », Le Monde 7 octobre 2018)

Près d'un siècle plus tard, la ville est la capitale économique du pays. Elle tire ses revenus de ses ressources halieutiques, grâce à l'*upwelling,* une remontée des eaux du fond des océans vers la surface ; les côtes mauritaniennes sont parmi les plus poissonneuses du monde. La ville est aussi le port d'où s'exporte le minerai de fer extrait des mines de Zouerate, à 670 km au sud-est. Le minerai y est acheminé par un train de plus de deux kilomètres, l'un des plus longs du monde.

Nouadhibou est divisé en deux entités. Le Nouadhibou ancien, petite bourgade, à l'origine, lieu d'échange des produits de la pêche, mais aussi et surtout, point de commerce des marchandises provenant du Sahara espagnol dont les populations recevaient de l'Espagne des dotations gratuites en riz, sucre, thé et tissus. Les habitants de Nouadhibou faisaient entrer ces produits en contrebande utilisant des galeries souterraines creusées entre la frontière du Sahara et la bourgade, d'où le nom Al-Ghiran donné au plus ancien quartier de la ville.

Cansado, nouvelle création destinée à abriter le siège de la Société nationale industrielle et minière (SNIM), est une ville-dortoir pour ses employés chargés d'accueillir le minerai de fer et de l'expédier vers l'étranger.

Pour terminer cette parenthèse sur Nouadhibou, sa population originelle possède deux langues maternelles, le Hassaniya et l'espagnol. Les enfants ont presque tous été allaités et élevés par des « mamas » espagnoles, femmes de Canariens pêcheurs ; le français leur est pratiquement étranger.

Nouadhibou est la maman de Las Palmas. Celle-ci n'était alors qu'un petit bourg habité par des Canariens, méprisés par les Espagnols, sinon largement marginalisés. Le Gouvernement espagnol aurait proposé à Moktar Ould Daddah de faire de Nouadhibou la base des flottes de pêche espagnoles et le port d'attache de toutes les flottes travaillant dans les eaux mauritaniennes, avec ce que cela impliquait comme investissements en infrastructures et équipements. Celui-ci refusa poliment. C'était l'époque du renforcement des indépendances et de la crainte du néo-colonialisme. L'économie, la croissance ou le Produit national brut ne rentrait pas en ligne de compte. Devant ce refus, le Gouvernement espagnol se rabattit sur Las Palmas qui n'était que le second best. Ce qui n'était qu'une agglomération dédaignée par l'Espagne vit ses infrastructures portuaires s'étendre, ses chantiers navals se multiplier, ainsi que ses hôtels, tous accueilleraient navires et hommes d'affaires mauritaniens ! Ceux-ci finissaient par y acquérir des maisons de villégiature, sinon des résidences permanentes. Les revenus de la pêche en Mauritanie étaient et restent pour l'essentiel dépensés aux Canaries ou à l'étranger.

Les machines-outils

J'allais donc à Nouadhibou où je reçus une offre de travail, de Monsieur Limam Ould Ouleida. Sa famille avait fait fortune dans le commerce avec le Sahara espagnol et possédait des navires de pêche et de fortes connexions avec les intermédiaires européens ou japonais basés à Las Palmas. Je devais redynamiser une société chargée de fers de miniréparations sur les bateaux de pêche. La société s'appelait RECOME, pour réparations et constructions mécaniques. Je pus obtenir un crédit qui me permit d'étoffer les équipements par une presse et une fraiseuse ainsi qu'un lot d'outillages. Tournage, fraisage, alésage, pliage, le travail ne manquait pas, d'autant plus que la SNIM a fait appel à nous pour de petites réparations de dépannage en attendant que les pièces de rechange qu'elle a commandé arrivent.

À Nouadhibou, je reçus un télex inattendu, la Banque mondiale m'invitait pour un séminaire d'une dizaine de jours dans une maison de Rockefeller située sur le lac de Côme à la frontière entre la Suisse et l'Italie. Parmi les séminaristes se trouvait Alassane Ouattara, actuel président de la République de Côte d'Ivoire. À l'époque, il était chef du Service Afrique au FMI.

Nouadhibou est une ville agréable, et j'y étais d'autant plus à l'aise que descendant de Cheikh Mélanine, le Cheikh de la majorité des habitants locaux, j'étais adulé. Le seul mini-événement notable est une convocation que je reçus de la Sécurité nationale, m'enjoignant de me rendre à son siège général à Nouakchott. Je m'y rendis le lendemain à neuf heures et le secrétaire du directeur général, à l'époque Jiddou Ould Hakki, me reçut poliment ; mon nom était inscrit sur son carnet de rendez-vous. J'attendis, les heures passaient, rythmées par les entrées et sorties d'hommes d'âge mûr, cousins du DG ou indicateurs ? Il aurait été rapporté que je critiquais Haidalla. À deux heures, je me levai et dis au secrétaire que je suis passé, s'il a besoin de moi, il sait où me trouver et je regagnai Nouadhibou. Je ne fus jamais plus convoqué.

LE FONDS NATIONAL DE DÉVELOPPEMENT

Nomination

Quelques semaines plus tard, alors que nous jouions à la belote chez moi, la radio annonça que Haidalla a été renversé. C'était le mercredi 12 décembre 1984. Plus tard, louangé sous le nom de 12/12.

Le 6 janvier 1985, je fus nommé directeur général du Fonds national de Développement (FND). Je dois d'avoir été sélectionné à S.E. l'Ambassadeur Taki Ould Sidi. Je pris immédiatement et sans ménagement ma fonction, preuve d'un manque de maturité. D'ailleurs, mon prédécesseur à ce poste m'en a fait la remarque « tu n'as pas perdu de temps ». Le FND n'était pas une banque, mais une institution chargée de gérer des ressources provenant essentiellement de fonds arabes pour financer et stimuler le secteur privé. Le secteur bancaire sortait d'une douloureuse privatisation qui a vu toutes les banques passer entre les mains d'acteurs privés qui ont eu l'avantage de mettre fin à la gabegie des crédits ; toutes ces banques avaient cependant peu de liquidités.

Je rentrais à Nouakchott où j'ai loué une villa. Un jour, je reçus un coup de fil de M. Isselmou Ould Boye qui, à l'époque, dirigeait la Banque nationale pour le commerce et le développement (BMDC). Je ne le connaissais pas particulièrement ; il était issu d'une famille prestigieuse d'érudits ; son père allait d'ailleurs être Mufti en chef aux Émirats arabes unis. Je répondis à son appel et me rendis à son bureau. Après les salutations d'usage, il m'interpella ainsi « On me dit que tu loues une maison, alors que tu as occupé de hautes fonctions dans l'administration. Je veux que tu prennes un crédit pour en construire une ! » J'expliquais que je n'avais pas les moyens de m'endetter. Il insista fortement et plaça devant moi un formulaire de demande de crédit et me demanda quel montant il me faudrait pour construire la maison. « Deux millions cinq cent mille », répondis-je. « Mais c'est ridicule, tes semblables ont pris des montants cinq fois plus importants ». Je refusais d'aller au-delà de ma requête. Je pus construire ma maison et fus probablement le seul à avoir remboursé son crédit. À la liquidation de l'UBD, le portefeuille de créances fut confié à un groupe d'avocats qui menaçaient de saisir ma maison si je ne remboursais pas…

Entretemps, le FMI et la Banque mondiale avaient décidé de conditionner leur assistance à la Mauritanie par la restructuration, cette fois-ci, du système bancaire. Ainsi, les banques héritées du système français furent vendues à des capitaux mauritaniens. La BAAM est devenue BMCI, du groupe Abass, la BIMA (anciennement BIAO) et la SMB ont été fondues en BNM du groupe Nouegued, enfin la BALM, devient Chinguitty Bank et échut à Ould Bouna Mokhtar. La Banque Al Baraka créée plus tard avec des capitaux saoudiens et mauritaniens revint au groupe Abdellahi Ould Abdellahi sous le nom définitif de Banque Al WAFA. La BMDC fusionna avec le FND sous le nom de « Union des Banques de Développement » dont je fus nommé administrateur général délégué. Cette fusion ne m'enchantait guère, la BMDC ne survivait que parce qu'elle appartient à l'État, d'où l'exigence des bailleurs de fonds de la fusionner avec le FND.

Les bateaux du FND

À l'époque, le secteur de la pêche traversait des difficultés dues à l'inexpérience des armateurs (je n'en ai jamais vu un monter sur le pont de son navire), mais aussi à la vétusté des navires et à l'absence de main-d'œuvre locale qualifiée. Je décidais donc d'acquérir au profit d'investisseurs qui le désiraient des bateaux de pêche. Mes collaborateurs et moi avons calqué leurs caractéristiques sur celles des navires en exploitation par les armateurs locaux. Tous s'interrogeaient sur comment nous allions financer cet investissement. Une vingtaine de candidats déposèrent des avances pour finaliser leurs candidatures à l'acquisition d'un navire.

Nous savions que les chantiers navals en Europe étaient en crise et que la question de l'emploi de centaines de milliers de salariés y rattachés était centrale pour les politiques européens. Nous avons donc élaboré un appel d'offres international pour la construction de 10 chalutiers congélateurs et avons reçu 22 offres d'Europe, d'Asie et même d'Amérique. Les soumissionnaires devaient accepter d'inclure dans leurs offres un crédit fournisseur de 70 % du montant des travaux, nous apporterions le reste. Et, comme cela semble l'habitude un peu partout, chacun avait son représentant local. La plupart d'entre eux étaient discrets, mais l'un d'eux, une personne que je pensais estimable, bonne famille et grande fortune, me demanda de venir le voir.

Je n'avais aucune idée de ce qu'il voulait, mais une lointaine parenté et un droit d'ainesse me firent accéder à sa demande. Il avait un énorme magasin de vente en gros à l'angle même du carrefour du marché central. Je me rendis chez lui et offris le salut traditionnel « que la paix soit avec vous », il ne répondit pas à mon salut et dit « je représente telle société et je veux que tu lui donnes le marché des bateaux de pêche ». Interloqué, je ne sus quoi répondre et sortis. Plus tard, on me rapporta qu'il fit faillite. Son magasin aurait brûlé dans le grand incendie du marché de la capitale et été pillé. Des amis me dirent « zebbeitou », une qualité prêtée aux enfants de chérif et en général aux opprimés voulant qu'Allah se soit vengé pour eux.

Dans mon inconscience, je n'avais pas directement averti le président de la République de l'achat de bateaux, mais seulement mon ministre de tutelle, feu Mohamed Salem Ould Lekhal qui, je suis sûr, a expliqué notre démarche au Président. Cette inconscience connaîtra son paroxysme lorsque je fus invité par Daman Shipyards, la société hollandaise retenue pour construire les 10 bateaux afin de signer le contrat. Très étrangement, ma délégation qui ne comprenait qu'un de mes collaborateurs et moi-même se trouva entourée d'une dizaine d'individus appartenant à la tribu Smacides, celle du Président. Pourquoi sont-ils venus ? Qui les a invités, sont-ils les commissionnaires de Damen ou des observateurs occultes de l'État ? Probablement les deux. Toujours est-il qu'après notre installation à l'hôtel, Damen nous invita à un dîner dans un restaurant réputé du bord de mer où je me suis retrouvé à batifoler dans une piscine avec des jeunes filles pratiquement nues. Le lendemain, le contrat fut signé.

Sur le chemin du retour, je fis escale à Paris en attendant notre correspondance vers Nouakchott, quatre jours plus tard. Durant ma première nuit, je fus réveillé par une douleur, tellement aiguë, que ma première réaction fut de vouloir me jeter de la fenêtre de ma chambre située au 21e étage de l'hôtel. Je finis par tambouriner très fort sur le mur de la chambre adjacente où se trouvait mon collaborateur. Celui-ci arriva et prévint la réception de l'hôtel qui m'envoya un médecin. Il diagnostiqua très vite une crise de calculs rénaux et me fit une piqûre calmante tout en me rassurant « ce n'est rien, mais c'est plus douloureux que les douze douleurs de l'enfantement, il faut surtout boire beaucoup d'eau pour évacuer ces petites pierres ». Ensuite, il fit venir deux infirmières qui resteraient à mon chevet pour me faire des piqûres dès que la douleur s'intensifie… Ces jeunes femmes étaient vraiment belles, l'une était rousse, l'autre brune. Je commençais à me faire des idées, mais ma libido était en berne, je ne pouvais que saliver…

Je regagnai Nouakchott le samedi. Je me rendis cependant au bureau où un collaborateur m'informa que j'avais été démis de mes fonctions.

Limogeage

Les raisons de cette éviction sont multiples. Peu de temps auparavant, dans le cadre d'un projet de restructuration du secteur bancaire financé par la Banque Mondiale, il a été décidé de fusionner le FND avec la BMDC, une banque d'État connue pour ses problèmes financiers et le laxisme de ses dirigeants. J'étais nommé administrateur directeur général de cette nouvelle entité dénommée Union des Banques de développement. C'est çà dire que j'avais tous les pouvoirs ; je commençais à demander des comptes aux créanciers. Il faut se situer dans le contexte de l'époque pour comprendre le degré de gabegie qui sévissait dans la chose publique. Ainsi, pour illustration, un client vint demander un visa de chèque de quelques millions, or, il avait quelques dizaines de millions de crédit dont il n'a jamais honoré la moindre échéance. Devant mon refus, il porta plainte auprès d'un cadi et revint avec une ordonnance de justice enjoignant à la banque d'accorder un prêt de quarante millions d'ouguiyas au demandeur au motif que « sinon ses affaires auraient périclité ». J'ai refusé et j'ai porté plainte contre le cadi qui se trouva muté dans un village perdu de la Mauritanie profonde.

Je m'attaquai donc à mes créanciers les plus endettés H'meida Ould Bechraya et Abdou Maham.

H'meida avait une flotte de 21 navires dont il finançait les marées par emprunts auprès de la Banque. Par contre, jamais aucune de ses recettes n'alimentait son compte bancaire. Je lui en fis la remarque et exigeai qu'au moins, les recettes du quart de sa flotte soient domiciliées à la Banque. Il n'en fit rien. J'étais convaincu qu'il bénéficiait de la complicité de la Banque centrale de Mauritanie…

Quant à Abdou Maham, cousin et conseiller occulte du Président, il aurait été en voyage quand je l'ai convoqué !...

J'avais mis ma tête dans un nid de guêpes… Abdou Maham était tout-puissant à l'époque. Les mauvaises langues disaient qu'il devait cette forte puissance à son rôle d'entremetteur dans le second mariage du président Maâouiya après le décès de feu Sadia Kamel (Paix à sa belle âme). Je me souviens d'une anecdote à ce sujet ; un jour que j'attendais dans l'antichambre du gouverneur de la Banque Centrale, en compagnie de deux des plus importants hommes d'affaires du pays Abdou Maham entra, se prit les pieds dans le fil d'un téléphone posé à même le sol et tomba lourdement. L'un de mes compagnons l'apostropha « Normal que tu sois aveugle, c'est le sort des entremetteurs ! ». Et tous les deux furent pris de fou rire. Je me retenais par politesse. La tradition maure veut que les entremetteurs finissent aveugles…

J'appris plus tard que sur les dix navires commandés, seuls sept furent livrés et transférés à ALWAFA Bank (en vertu de quoi ?), les trois autres furent sans doute convertis en commissions sonnantes et trébuchantes. Aucun des candidats qui avaient déposé une avance ne fut retenu pour recevoir un navire et la destination des sept autres fut probablement décidée en haut lieu… Abdou Maham, fortune faite, partit s'installer en Arabie saoudite… À la recherche de rédemption ?

Maman est morte

Entretemps, ma mère fut atteinte du syndrome d'Alzheimer. Cette femme si brillante perdit la tête. Elle conserva cependant son autorité rendue encore plus inflexible par son mal. Ainsi, au lieu de se tourner vers l'est pour prier, elle se tournait carrément vers l'ouest et quand nous voulions la corriger, elle répondait d'une voix cassante, « je connais mieux que vous la direction de la "Kibla" » ! Elle conserva aussi son habitude de lire encore et encore le Coran. Elle mourut paisiblement et les gens du ksar lui rendirent hommage en venant en nombre à la mosquée de Bouddah au Ksar pour la prière des morts en son honneur. Le deuil dura trois jours comme le veut la tradition.

T*entative de putsch de miliaires négro-africains*

Durant cette période relativement calme où Maâouiya semble avoir assis définitivement son pouvoir surgit une tragédie inattendue. Le 22 octobre 1987, 51 officiers et sous-officiers négro-africains, mais tous halpulharen firent une tentative de putsch. Dénoncés la veille, ils seront tous arrêtés et trois de leurs leaders fusillés.

Je connaissais bien deux d'entre eux. Amadou Sarr est un grand escogriffe (il mesurait près de deux mètres), toujours souriant, il a été chef du secrétariat de la Direction de la planification. Et, un jour, il disparut. Il est allé s'inscrire à la nouvelle école des officiers d'Atar. Il revint deux années plus tard, dans son uniforme flambant neuf, nous saluer au ministère.

Le second est Abdel Koudouss Ba. Abdel Koudouss était métis d'un Peulh et d'une Mauresque. Il avait fait ses études au Canada et faisait partie de notre cercle de Maures à Montréal. En week-end, il était toujours en boubou et parlait parfaitement Hassaniya. À son retour, muni de son diplôme d'ingénieur, Michel et moi l'avions accueilli et lui avions trouvé un emploi à la SONADER où il était payé 70 000 ouguiyas, soit le triple de nos salaires de fonctionnaires. Un jour, il nous annonça qu'il allait s'inscrire à l'école des officiers d'Atar et malgré nos tentatives de l'en dissuader, nous ne reçûmes que cette réponse, « le pouvoir se trouve dans l'armée ». Un ami commandant et enseignant dans cette école me dira que Ba avait vraiment souffert des exercices physiques. Finalement, il sortit avec son diplôme de lieutenant et fut plus tard affecté comme attaché militaire à notre ambassade à Alger. Il en sera ramené pieds et poings liés, puis emprisonné à Oualata avec d'autres compagnons ; il y trouvera la mort, suite principalement aux mauvaises conditions de détention. À ma connaissance, aucun des putschistes n'a survécu et ceux qui ne sont pas morts seront fusillés plus tard. Ce dossier reste une tâche dans l'histoire récente du pays, non du fait des condamnations, mais du secret entourant ces événements aux yeux de leurs familles.

PARENTHÈSE JOURNALISTIQUE

Le Temps

Je fus nommé secrétaire général du ministère de l'Hydraulique puis celui des Pêches. Sans le vouloir, j'ai créé une crise augurant de transformations fondamentales dans la politique de pêche du pays. Je me suis étonné de l'absence de rapatriement par les armateurs des devises acquises suite à l'exportation de leur produit. Cette interrogation conduisit au limogeage des ministres des Finances, de celui de la pêche et du gouverneur de la BCM. On m'en imputa la responsabilité, je n'y étais pour rien.

Durant un conseil d'administration de la SNIM de l'année 1990, je reçus, comme les autres administrateurs, un million deux cent mille ouguiyas de prime de représentation. Le président Maaouya venait de poser un régime démocratique en Mauritanie. Je décidais d'accompagner ce mouvement en prenant une autre année sabbatique et en investissant cette prime dans la création d'un journal. Je l'appelais *Le Temps*. C'était un hebdomadaire indépendant d'information paraissant en français tous les mercredis. Mille exemplaires en étaient tirés et il se vendait 200 ouguiyas.

Le succès fut très vite au rendez-vous. L'hebdomadaire bénéficia dès le départ d'un engouement extraordinaire, renforcé par une rubrique « courrier des lecteurs » qui permettait à ceux-ci de commenter et de s'exprimer sur les préoccupations des gens. L'hebdomadaire sortait pratiquement à chaque numéro un dossier assez exhaustif sur les secteurs sociaux tels que l'éducation ou la santé, sur les secteurs de production et bien sûr, commentait la politique de l'État. Les lecteurs avaient leur page et postaient des commentaires…

Cependant, une grande partie de lecteurs potentiels étaient insatisfaits, car ils ne lisaient que l'arabe. Ahmed Salek Ould Bouh, un homme que je respectais beaucoup et avec lequel j'avais de lointains liens de parenté, me demanda de publier le journal en arabe. Avec l'idiotie insolente qui malheureusement me caractérise, je relevai le défi. Plus tard, je me rendis compte que j'aurais dû lui demander de contribuer à cette édition ; il en avait les moyens et aurait probablement accepté. Toujours est-il que j'ai sollicité le concours d'Abdellahi Ould Abdellahi, un journaliste parfaitement bilingue à la plume acérée qui accepta de participer à l'aventure. Cette édition arabe sera appelée *EZZEMAN*, traduction du titre français. Son succès fut lui aussi immédiat. L'hebdomadaire avait au départ une couverture glacée qu'il fallut changer en papier normal pour réduire les coûts, ceci n'influa heureusement pas sur l'attractivité. Le contenu principal des deux éditions est resté le même. Ils s'ouvraient sur un éditorial, puis une page de caricatures réalisées par l'excellent El Wali Ould Cheikh Bouya. Les publicités obtenues auprès des grandes entreprises publiques permettaient tant bien que mal de couvrir les dépenses. La censure ne s'est jamais abattue sur l'hebdomadaire.

Cheikh Diop

Mais, malgré son succès l'hebdomadaire commençait à agacer en haut lieu. Dans un article, je dénonçais les agissements du Wali du Trarza qui a expulsé sans avertissement des populations supposées sénégalaises. Un cas m'a particulièrement interpellé. Cheikh Diop est un agriculteur ayant une ferme située à Jedr El Mohguen, une douzaine de kilomètres à l'est de Rosso. J'avais, alors que j'étais au FND, consenti à ce monsieur un prêt pour l'acquisition d'un tracteur. Le président Maaouya avait fait l'escale du midi, lors de sa visite au Trarza, chez lui. Cheikh

Diop produit principalement des tomates à l'aide de sa nombreuse famille. À cinq heures du matin, il récoltait ses tomates, les empilait dans son 404 camionnette, partait les vendre à Nouakchott et revenait vers six heures de l'après-midi chez lui. Un jour, en revenant, il trouva sa famille expulsée vers le Sénégal et une pirogue qui l'attendait pour le conduire sur l'autre rive. J'ai écrit un article racontant cette histoire et dénonçant la culpabilité du Wali, car les biens de Cheikh Diop ont tous été spoliés par lui et les autres fonctionnaires. Cet article me valut d'ailleurs une menace ridicule ; des cousins de ce wali sont venus me menacer, car ils ont, disent-ils, tué des personnes pour moins que ça !

Ould Sidi Yahya

Une des interviews les plus marquantes fut celle réalisée avec Mohamed Ould Sidi Yahya. Celui-ci est un « daâia », un prêcheur d'une éloquence et d'une intelligibilité rares. Il était surtout un enseignant, il s'adressait aux Haratines qui formaient la majorité de ses disciples. Ils venaient en masse l'écouter et achetaient les enregistrements de ses prêches. Il avait voulu créer avec des amis un parti islamiste (le parti Oumma), mais la création de celui-ci fut récusée par l'administration. C'est à cette occasion que j'ai sollicité une interview avec lui. Il me donna rendez-vous à la grande mosquée du cinquième arrondissement sise face au marché de Seyed Ould Breika. J'y arrivais avec mon équipe. Les alentours de la mosquée étaient pleins de monde, j'en compris la raison quand j'entrais dans le lieu de culte, il était plein à craquer. De l'estrade sur laquelle il était assis, le Cheikh me fit signe d'avancer et je me faufilais entre les rangs serrés. La mosquée était remplie d'un brouhaha immense et quand je le rejoignis, il prononça d'une voix posée ce simple ordre « Ançitou », faites silence. On dirait qu'il avait appuyé sur un interrupteur, le bruit fut coupé d'un coup au lieu de s'atténuer au fur et à mesure. Je rapportais l'interview dans le journal et ajoutais qu'à cet instant, j'étais convaincu que s'il avait demandé à ses disciples de brûler la ville, ils l'auraient fait sans hésiter. Le lendemain, je reçus plusieurs appels d'ambassades étrangères, inquiètes, qui me demandaient si l'opinion que j'ai exprimée à la suite de l'interview était fondée.

M. Ould Sidi Yahya a fait pour les Haratines plus que tous les gouvernements. En plus de les éduquer au ba.ba de la religion, il les a encouragés à s'éduquer et à envoyer leurs enfants à l'école. Il ne leur parlait pas en arabe classique, mais en hassaniya. Il avait par ailleurs un grand sens de l'humour : à un de ses disciples lui racontant qu'il avait couché avec une femme, mais qu'il n'est pas allé jusqu'à la pénétrer, le Cheikh lui répondit « Nevche » (échec, faillite), c'est-à-dire, il fallait aller jusqu'au bout. Ce n'était pas un encouragement pour ce type de comportement, mais il veut signifier que de toute façon le péché est le même.

Les événements de Nouadhibou

J'écrivis un autre article particulièrement virulent sur les événements interethniques de Nouadhibou qui a vu des dizaines de Négro-Africains se faire tuer par une population chauffée à blanc par certaines autorités. J'avais écrit que cette tuerie visait « des nègres de surcroit ». Ces articles scellèrent le destin de l'hebdomadaire. Un agent de renseignement sous prétexte d'admiration s'incrusta dans mon bureau. Un hebdomadaire concurrent fut financé par l'État à travers la Banque centrale de Mauritanie. Il était tenu par un cousin du président de la République. Ensuite, les entreprises publiques arrêtèrent d'acheter des encarts publicitaires, mon bureau fut fouillé en mon absence et il me fut de plus en plus difficile de tenir le journal. De plus, le propriétaire des locaux du journal me donna un préavis d'expulsion arguant qu'il les destinait à un autre usage. Je jetais l'éponge, de toute façon mon année sabbatique était terminée.

Le conflit entre la Mauritanie et le Sénégal

En 1989 s'est déclaré un conflit inattendu. Entre 1989 et 1991, le conflit sénégalo-mauritanien a opposé le long du fleuve Sénégal deux pays riverains, le Sénégal et la Mauritanie.

Depuis plusieurs siècles, la région du fleuve est habitée à la fois par des populations noires peul, wolof, soninké et arabo-berbères. Les périodes de sécheresse successives accentuent le mouvement migratoire vers le sud des nomades maures tendant à se sédentariser. Les actions de l'OMVS (Organisation pour la mise en valeur du fleuve Sénégal), notamment la construction des barrages de Manantali et Diama et la réforme foncière de 1983 ont renforcé ce mouvement. La réforme foncière qui s'éloigne des régimes coutumiers a soulevé avec acuité le problème de la propriété foncière. L'encouragement par l'État de l'agriculture irriguée et la distribution de terres à des investisseurs privés (essentiellement maures) exacerbe le mécontentement des populations de la vallée qui s'estiment spoliées. Le gouvernement, soucieux du renforcement de l'identité arabe du pays, se lance dans une politique d'arabisation de l'enseignement qui ajoute encore au malaise des populations non arabophones.

C'est dans ce contexte que le 9 avril 1989, Diawara, une localité du Sénégal oriental, est le théâtre d'un accrochage entre des bergers peuls mauritaniens et des paysans soninkés sénégalais. Deux Sénégalais sont tués.

Le leader de l'opposition sénégalaise, à l'époque Abdoulaye Wade, prend prétexte de cette situation en accusant la Mauritanie de voler les terres sénégalaises et d'opprimer les populations noires. Du 21 au 24 avril à Dakar, ce sont des commerçants maures blancs qui voient leurs boutiques pillées et incendiées, des maures noirs sont brûlés vifs dans les fours de leur « dibiterie » (une photo d'une couverture de *Newsweek* a illustré cette barbarie). Le ministre mauritanien de l'Intérieur n'est pas en reste et monte en épingle les exactions subies par les Mauritaniens au Sénégal entraînant un déchaînement inouï de violence contre les Sénégalais ou prétendus tels. Fin avril, des dizaines de Sénégalais sont tués, à Nouakchott et à Nouadhibou en particulier.

Les deux États rompent leurs relations diplomatiques le 21 août 1989 et après avoir encouragé, sinon laissé faire, ils commencent à instaurer l'ordre et à protéger les populations étrangères. Des rapatriements massifs sont organisés grâce au soutien de pays amis. Ces départs massifs vont grandement perturber l'équilibre de la vallée du fleuve.

En Mauritanie, le secteur du bâtiment et de la pêche maritime, traditionnellement assurés par les Sénégalais, souffrent de ces expulsions. L'installation des expulsés du Sénégal se fait, en particulier pour les Haratines, dans les villages de la vallée dont les populations sont quant à elles expulsées vers le Sénégal.

Sur la rive gauche, au Sénégal, le retour des réfugiés provoque une surcharge des infrastructures (points d'eau, équipements sanitaires) déjà saturées. Le département de Podor voit sa population croître de 13,6 %, celui de Matam de 12 %. La population de certains villages double.

Une guerre larvée s'installe sur la frontière. Les alliances extérieures se précisent. Mitterrand qualifie le Sénégal de pays ami et la Mauritanie de pays avec lequel la France entretient des relations de coopération. Le Maroc, qui entretient d'excellentes relations avec le Sénégal, essaie de ne pas trop se montrer. L'Algérie reste prudente. Par contre, la Mauritanie trouve en l'Irak un allié de poids qui l'équipe sans compter en armes ; plus discrète, l'Arabie saoudite fait de même. Le Sénégal quant à lui n'a qu'une armée mal équipée, mais dispose d'un autre atout, l'information dont il se sert pour rendre la Mauritanie seule responsable du conflit. En 1991, je tenais encore le journal et, en compagnie de Moustapha Ould Abeidrahmane, nous avons rencontré le président Maaouya pour lui exprimer l'ascendant communicationnel du Sénégal. Il a répondu de ne rien dire et de ne rien écrire. Sa stratégie consistait à bombarder sans relâche les villages abritant des soldats sénégalais et à aider les « ennemis » du gouvernement sénégalais.

Sur le plan de la politique intérieure du Sénégal, le conflit a pu contribuer à l'ascension du PDS et d'Abdoulaye Wade. Il a également servi de révélateur à la crise sociale par l'afflux des réfugiés. Le pays s'est trouvé fragilisé par rapport à ses voisins. Le problème du tracé de la frontière avec la Guinée-Bissau s'est posé dans la foulée, puis les difficultés avec la Gambie ont conduit à la dissolution de la Confédération de Sénégambie en 1989.

Enfin, cet épisode de l'histoire contemporaine a marqué durablement les esprits et nourri quelques ressentiments de part et d'autre. Ainsi, la Mauritanie a apporté son soutien à la guérilla séparatiste de la Casamance ; elle a soutenu la Gambie et la Guinée-Bissau dans leurs conflits frontaliers avec ce pays…

Le conflit s'achève en avril 1992 et la frontière est rouverte le 2 mai de la même année. J'empruntais un véhicule et me rendis au Sénégal pour écrire un article. La population de Saint-Louis a été la plus affectée. Chaque fois que je rencontrais des personnes, elles applaudissaient. En fait, Saint-Louis est une escale presque obligatoire pour les Mauritaniens se rendant au ou rentrant du Sénégal et le Mauritanien est prodigue. Il dépense sans compter, les commerces et les hôtels y trouvaient leur compte et le conflit les a en quelque sorte paupérisés.

LA FONCTION PUBLIQUE (de nouveau)

Les entreprises publiques

Mon expérience journalistique prit fin avec mon année sabbatique. Je revins donc au ministère du Plan où je fus nommé conseiller économique. J'ai été chargé d'un projet de réforme des entreprises publiques. J'avais été suggéré pour ce poste au Gouvernement mauritanien par la Banque Mondiale. La réforme de ces entreprises était une condition sine qua non à la reprise des activités des institutions de Bretton Woods en Mauritanie. Celles-ci avaient été quasiment gelées du fait du conflit avec le Sénégal.

Les entreprises publiques étaient, en effet, connues pour être des niches d'incompétence, de corruption et de népotisme. Le projet avait pour objectif d'éliminer ces tares ou au moins d'en réduire les effets. Certains éléphants blancs furent tout simplement fermés comme l'usine de sucre. L'objectif de celle-ci était de produire du sucre en pain, seule présentation du sucre acceptée par les consommateurs mauritaniens ?!

Le népotisme était le plus grand mal que subissent ces entreprises. Chaque directeur général était contraint par sa famille, sa tribu, ses amis d'embaucher leurs fils, frères ou cousins ; et comme les changements de directeur général sont fréquents, le nombre de salariés inutiles devenait un lourd fardeau pour l'entreprise.

Débarrasser ces entreprises de ce bois mort était la partie la plus coûteuse du programme de réhabilitation. Il fallait réaliser (exiger) des départs volontaires et payer pour chaque départ six mois de salaire. Ce bois mort pouvait se compter en centaine de salariés pour les plus grandes entreprises comme la SONELEC ou la SONIMEX et les sociétés de pêche ; la Mauritanie a, en effet, créé avec pratiquement chaque État arabe une société mixte de pêche, mauritano-libyenne, irakienne, algérienne, tunisienne, etc. La plupart des dirigeants de ces entreprises ont une peur bleue de l'océan et ne sont jamais montés sur le pont d'un navire, ils ne le feront pas, non plus, dans l'exercice de leurs fonctions. Certaines comme la SAMALIDA (Société arabe mauritano-libyenne de pêche) ont tout simplement fait faillite et leur patrimoine a disparu, bateaux et mobiliers compris. Seuls les murs nus impossibles à déménager n'ont pas été enlevés… Son capital était de 50 millions de dollars ! Toutes les autres entreprises similaires ont subi le même sort. Aucune enquête n'a jamais été faite…

En définitive des contrats-plans ont été conclus entre l'État et certaines de ces entreprises fixant un cadre de « bonne conduite ».

L'expérience démocratique du président Ould Taya

Jusqu'au début des années quatre-vingt-dix, les Mauritaniens ont rarement eu l'occasion de se prononcer par la voie des urnes. Depuis le renversement, en juillet 1978, de Moktar Ould Daddah, différents « hommes forts » se sont succédé, les changements se faisant, à chaque fois, par la voie des armes ou par accord tacite entre les hauts gradés de l'armée.

Depuis sa prise de pouvoir, Maâouya Ould Sid Ahmed Taya s'est voulu un président moderne qui voulait ancrer son pays dans la modernité. Peu après sa prise de pouvoir, il avait le projet d'en faire un État démocratique.

C'est ainsi qu'il a organisé les premières élections démocratiques libres en Mauritanie. Bien qu'il ne s'agisse que d'élections municipales encore limitées aux treize capitales régionales, elles procédaient d'un plan de démocratisation intégrale voulu par le Président. Le taux de participation dépassa 50 % et les scores furent serrés. Peu de personnes savent que la première élection municipale a été annulée par le Président, car on lui a rapporté des cas flagrants de fraude et de bourrage des urnes. Elles seront recommencées un mois plus tard. À Nouakchott, 36 sièges étaient à pourvoir et deux listes désignées par des couleurs blanche et bleue étaient en compétition. La blanche obtint 19 sièges et la bleue 17 ; ce qui n'a pas empêché le leader de la liste bleue Mohamed Mahmoud Ould Mah de devenir maire de Nouakchott, une façon, sans doute pour le pouvoir de le contenir…

Ces élections serviraient de test aux municipales élargies à d'autres villes et à des élections présidentielles et législatives. Mais ce processus qui se voulait initiatique et progressif allait être accéléré et par là biaisé par la déclaration que François Mitterrand a faite à La Baule en 1989 qui ostracisait tous les États « non démocratiques » en les privant de l'assistance française. Le régime mauritanien dut donc sauter les étapes et engager directement des élections présidentielles et législatives.

Les élections législatives, en partie boycottées par l'opposition, auront lieu en avril 1992, mais elles seront précédées, le 24 janvier 1992, par les élections présidentielles qui suscitèrent de grands espoirs de changement dans le pays.

Au lendemain des résultats, malgré le slogan des autorités, « le changement dans la continuité », l'impression dominante fut que la continuité l'emportait largement sur le changement, car le colonel Maawiya Ould Sid'Ahmed Taya, déclaré vainqueur, restait à la tête de l'État. Ahmed Ould Daddah, demi-frère du premier président, son principal adversaire, au terme d'un décompte très largement contesté, n'obtient qu'un tiers des votes. J'avais pris fait et cause pour Ould Daddah malgré mes relations avec le

Président. J'avais développé un raisonnement de « pur intellectuel » : si les militaires remplaçaient leur treillis par un costume, ils ne quitteraient jamais le pouvoir. Il fallait absolument leur faire barrage !

Durant l'élection pour la seconde mandature, la campagne électorale a pris dans les deux camps des allures festives. Des tentes publicitaires de l'un et de l'autre des deux camps installées côte à côte ou se faisant face rivalisaient en slogans et chants, sans heurt aucun. Mais, malheureusement, la neutralité de l'administration était loin d'être garantie.

Ainsi, un homme d'affaires dans l'importation de cigarettes qui avait financé la location de l'hôtel Al Khater pour l'un des meetings de l'Union des forces démocratiques (UFD) allait être menacé de sanctions douanières s'il ne ralliait pas le PRDS (Parti Démocratique et Social) du Président.

Un de mes cousins, chef général de notre tribu et installé à Néma à l'extrême est du pays, accepta de voter avec ses fidèles pour Daddah. Quelques jours plus tard, il avait changé d'avis. Il m'expliqua qu'il était responsable d'au moins 60 000 familles dispersées dans de petits villages et campements ruraux entre la Mauritanie et le Mali. Ces populations avaient besoin de puits, d'écoles, de centres de santé et, bien sûr, d'aide alimentaire et l'administration lui a fait comprendre qu'elle était la seule à offrir. Aussi, il ne pouvait pas se la mettre à dos…

Le taux de participation à ces élections a avoisiné les 50 %. Maaouya fut élu avec 62,89 % des voix, A. Daddah obtint 32,88 %, les deux autres candidats Moustapha Ould Salek et Mohamed Mahmoud Ould Mah firent des scores marginaux.

Entretemps, j'avais pratiquement terminé.ma mission relative aux entreprises publiques et la monotonie d'un suivi ne me tentait pas. Je savais que la Mauritanie disposait d'un poste auprès de l'administrateur représentant la Lybie, la Mauritanie et la Somalie auprès de la Banque africaine de Développement.

ABIDJAN

Administrateur suppléant à la BAD

Cette mission terminée, j'avais envie d'ailleurs. À la Banque africaine de Développement (BAD), les administrateurs avaient une petite équipe composée d'une secrétaire, d'un conseiller et d'un assistant. Les administrateurs pouvaient représenter un pays où un groupe de pays disposant de plus ou moins 5 % des droits de vote. La Mauritanie était d'abord avec un groupe d'une vingtaine de pays principalement d'Afrique de l'Ouest.

Le ministre des Affaires économiques rédigea une lettre à l'adresse de l'administrateur avec copie au président de la banque me proposant au poste de conseiller. Je partis donc à Abidjan. Je suis arrivé à un moment où une vraie révolution secouait la Banque. Les administrateurs, et en particulier les administrateurs africains, restaient en poste autant qu'ils le voulaient. Le président de la Banque, à l'époque M. Babacar N'Diaye, souhaitait lui aussi prolonger son mandat. Cependant, durant l'Assemblée générale de cette année, les gouverneurs de la Banque décidèrent d'introduire une limitation des mandats des administrateurs et du président à deux termes successifs. Des élections pour la présidence furent donc organisées et les pays fortement incités à renouveler leur administrateur.

La Mauritanie a voulu présenter un candidat à la présidence de l'Institution. Le candidat, Mohamed Salem Ould Lekhal était en réalité trop jeune, inconnu à l'étranger et notre pays ne faisait pas le poids face au candidat du Maroc qui avait plusieurs appuis de poids. Ce candidat, Omar Khabbaj, fut d'ailleurs élu. Le Gouvernement mauritanien, mécontent, décida de changer de groupe et opta pour s'associer avec la Lybie qui avait un siège au Conseil d'Administration. Je profitais de l'occasion pour demander à être affecté comme conseiller de l'administrateur en même temps qu'administrateur suppléant. L'administrateur libyen en poste depuis douze ans fut changé. Notre bureau, chaque administrateur avait le sien, tous sis au 16e étage, fut informé de l'arrivée du nouvel administrateur, M. Traina. Je l'accueillis à l'aéroport et l'installais à l'hôtel que la Banque lui a réservé. M. Traina était à l'époque un homme de soixante-dix ans et ne parlait aucune langue autre que l'arabe.

Cheikh Isselmou

Je vais revenir un peu en arrière pour mieux comprendre ce qui allait suivre. Feu, le président Houphouët-Boigny, avait été diagnostiqué d'un cancer de la prostate qui l'a tenu éloigné de la Côte d'Ivoire pendant plus de deux ans. Une certaine instabilité sociale s'est installée. Les bandits opéraient au grand jour dévalisant banques et particuliers. Pendant deux ans règne une relative insécurité. La réponse du gouvernement Ouattara fut des plus fermes, les commerces étaient autorisés à s'armer et à tirer sur tout bandit les attaquant. En particulier, cette autorisation fut confirmée à l'ambassadeur de la Mauritanie dont le pays dispose d'une grande population de commerçants de proximité, y compris dans les villages les plus reculés de la Côte-D'Ivoire. Je me souviens d'un dîner dans un restaurant en plein air, « la bâche bleue » où j'avais invité Monsieur Taki Oud Sidi, alors ministre. Le restaurant surplombait l'avenue menant de l'aéroport à la ville. Des voitures de police poursuivaient des bandits en tirant des salves interminables de coups de feu. Le Gouvernement ivoirien parvint cependant en deux ans à rétablir l'ordre.

Au décès de Houphouët-Boigny, Henri Bédié, président du Parlement, prit naturellement sa succession. J'ai eu l'occasion de le rencontrer en privé. J'avais un cousin, nommé Cheikh Isselmou Ould Tghana, qui exerçait la fonction de marabout auprès d'importants personnages africains, de Bongo à Bédié en passant par des personnalités au Sénégal, en Gambie ou au Cameroun. En Afrique, la sorcellerie est perçue comme un instrument du mal que seule l'intervention d'un marabout pouvait éloigner. Bédié avait, semble-t-il, une bonne relation avec le Cheikh. En visite en Mauritanie, il avait apporté une Mercédès 500 pour la lui l'offrir. Toujours est-il que mon cousin arriva à Abidjan et s'installa chez moi en attendant d'être reçu par le Président. Durant quelques jours, diverses personnalités lui rendaient visite. L'un d'eux est un très haut fonctionnaire de la BAD qui voulait occuper un poste à la Banque Mondiale. Un jour, ce fonctionnaire amena un coq qu'il égorgea dans notre cours en présence du cheikh qui devait s'en servir pour le gris-gris ; toujours était-il que ce fonctionnaire fut admis quelques jours plus tard comme secrétaire général de l'institution qu'il convoitait à Washington. Cependant, il fut forcé de démissionner très peu de temps après. Il est probable que la raison de cet échec soit le non-payement de l'intégralité des émoluments du marabout.

Je me souviens d'un exemple similaire qui est arrivé à un Français, à l'époque conseiller technique du ministre du Plan. J'étais directeur des financements dans ce même ministère. Ce Français entra dans mon bureau et je l'invitais à s'asseoir. Il s'assit sur la chaise en se tortillant quelques instants, puis il finit par me raconter son histoire. Il a épousé une amie d'enfance, mais à l'occasion d'une des nombreuses réceptions que donnent les chancelleries étrangères, elle a rencontré un membre de l'ambassade d'Allemagne avec lequel elle s'est mise en ménage. Le pauvre a subi un véritable traumatisme et a commencé à faire appel à des sorciers ou à des marabouts. Il m'a raconté que l'un d'eux lui a conseillé de brûler quelques cheveux de sa femme avec quelques-uns de ses sous-vêtements ; un autre lui a demandé d'attacher une boîte de conserve vide à la queue d'un chat qu'il devait poursuivre en faisant quatre fois le tour interne de sa maison, etc. Et puis, poursuivit-il, « quelqu'un m'a parlé de votre famille qui possède les secrets, je te demande de m'aider ». Je lui ai dit que je ne possédais pas ces secrets, mais que je pouvais le présenter à mon oncle. Nous rencontrâmes mon oncle qui lui demanda de revenir le lendemain ; mon oncle paternel est le fils d'une Hartaniya (ancienne esclave libre), Mint Menna ; il s'appela Cheikh Abba, était grand, très beau et élégant ; il dégageait toujours un parfum assez extraordinaire. Mon oncle voulait d'abord interroger « alistikhara » pour savoir s'il devait s'engager ou non.

L'« istikhara » est en fait une interrogation adressée à leur compagnon occulte. Souvent, les marabouts sont en couple avec un djinn qui lirait l'avenir et les conseille ; ce couple était connu même dans l'Arabie préislamique comme l'attestent plusieurs histoires de djinns révélant à leur vis-à-vis humain l'arrivée du prophète Mohamed PSL. Ainsi, en est-il d'un homme dans l'Arabie préislamique qui raconte « alors que j'assistais au sacrifice d'un bœuf, celui-ci me regarda et entama des vers l'informant de l'imminence de la venue du prophète Mohamed… »

Le lendemain, nous retournâmes chez mon oncle qui accepta de l'aider à reprendre sa femme. Il lui dit ceci « ta femme va revenir le soir même, en contrepartie tu dois me donner 44 444 ouguiyas dont 4 444 maintenant, car ce montant ne m'appartient pas (en fait, il est destiné à la charité), le reste, demain, quand tu constateras que ta femme est revenue ». La femme de l'assistant technique revint comme promis en pleurant et en s'excusant ; l'Allemand qui l'avait séduite fut affecté le jour même à l'ambassade d'Allemagne au Rwanda ! L'assistant technique français se convainquit que le retour de sa femme n'est dû qu'à l'amour qu'elle lui portait et ne paya pas le reste. Deux jours plus tard, la femme partit rejoindre son amant et embarqua avec lui vers sa nouvelle affectation, l'assistant technique fut rappelé à Paris…

Finalement, Bédié demanda au Cheikh de venir et je l'accompagnai pour servir de traducteur. Le Président nous reçut dans un petit salon de sa résidence de Cocody. Il nous fit assoir à côté de lui. Le Cheikh le salua et à mes grandes stupeur et frayeur lui tapa le dos entre les omoplates et dit d'une voix tonitruante « Bédié, tu as rencontré les musulmans ? » Bédié répondit « Oui, je l'ai fait ». Le Cheikh tapa encore Bédié entre les omoplates, dit, « c'est bien » puis se leva, le Président aussi. Quant à moi, j'avais peine à me lever, tellement mes jambes tremblaient. Mon compagnon, me dis-je, est totalement irresponsable, taper deux fois dans le dos du Président, élever la voix devant lui et se lever avant lui pour mettre fin à l'entretien ! Nous sommes bons pour disparaître ou être tués. Finalement, je me mis debout, Bédié mit sa main sur mon épaule et me dit d'aller le lendemain rencontrer son secrétaire général. Entretemps, celui-ci était entré. Le lendemain, le secrétaire général me reçut poliment et me demanda si j'avais apporté une valise, je n'avais aucune idée de ce qu'il voulait dire, je répondis que non. Le secrétaire général envoya un de ses assistants acheter une valise dans laquelle il empila onze millions de FCFA. Je rapportais cette valise à Cheikh Isselmou…

Seul à Abidjan

Abidjan est une ville cosmopolite et agréable à vivre. Les populations locales sont en général planteurs ou agricultures, leurs enfants ont suivi des cursus scolaires supérieurs et se trouvent dans les services publics, les grandes entreprises et les banques. Ainsi des pans entiers de l'économie ivoirienne ont des emplois vacants d'où l'immigration intense des ressortissants des pays de l'ex-AOF vers la Cote d'Ivoire. Et, ils ne sont pas les seuls. Les Libanais et autres Syriens ont le monopole du commerce de gros, les Mauritaniens, celui du commerce de détail de proximité, les Burkinabés sont des ouvriers agricoles et réalisent des travaux plus ou moins domestiques. Parmi ces Mauritaniens se trouve un de mes cousins, agent de change traditionnel, il prenait des FCFA auprès des Mauritaniens et ses associés en Mauritanie donnaient la contrepartie en Ouguiyas à la personne désignée. Les Marocains arrivés plus tard ont investi l'habillement. Bizarrement, les Sénégalais, pourtant de grands migrants, sont peu présents, n'étant pas très appréciés au niveau même de l'État ivoirien, concurrence entre Houphouët-Boigny et Senghor ?

Ma famille m'a rejoint quelques jours plus tard. Nous avons loué une maison dans une nouvelle banlieue de la ville. Mohamed, mon fils aine était parti étudier en Tunisie, les autres enfants étaient avec nous. Chbih et Savia sont inscrits au primaire, Khadi était encore trop jeune et Ahmedou n'était pas encore né.

Après six mois, Wajaha ne voulait plus rester. Trois choses ont motivé sa décision. La première était sa grossesse qui arrivait bientôt à terme et elle voulait accoucher auprès de sa mère ; la seconde, ce sont les petits vers qui s'incrustaient dans la peau, en particulier les jambes de Khadi quand elle jouait dans la cour. Il fallait presser la peau pour les extraire, ce n'était pas douloureux, mais excessivement déplaisant, car il laissait des cicatrices noirâtres sur les peaux claires. Et surtout, il y eut la disparition de Chbih. J'allais comme d'habitude le chercher à 18 heures, heure de fermeture des classes, cette fois-ci, je ne l'ai pas trouvé. Je revins à la maison me disant que quelqu'un l'aurait ramené, il n'était pas là, Wajaha commençait sérieusement à s'inquiéter. Une rumeur voulait qu'à l'occasion des fêtes de fin d'année, les enfants à la peau très claire, surtout les albinos, soient recherchés pour être sacrifiés à l'occasion d'un rite quelconque. Peu après, vers neuf heures, un homme le ramena ; c'était le père d'un de ses amis de classe qui l'a invité, avec son fils, dans un restaurant.

Je restai seul à Abidjan, résiliai le contrat de la maison que nous habitions et m'installai dans un appartement du quartier du plateau. C'était un appartement de deux pièces plus salon et cuisine situé dans un compendium d'appartements. Il possédait une large baie vitrée et était situé à moins de cent mètres du siège de la BAD.

La vie s'organisait désormais entre mon travail à la Banque et mon appartement. Les horaires de la Banque étaient de huit heures à midi et reprenaient de quatorze heures à dix-huit heures. La présidence de M. Omar Kabbaj a donné une formidable impulsion à l'Institution. Entre les projets de restructuration, l'augmentation du capital, les audits d'appréciation des agences internationales de notation, les budgets d'exploitation et d'investissement, la révision des différentes politiques générales et sectorielles, l'élaboration des stratégies par pays et l'approbation des projets, les journées de travail étaient bien remplies. Une fois par semaine, le mercredi se tenait le Conseil d'Administration pour statuer sur les points de l'ordre du jour. Une fois par an se tient l'Assemblée générale du Groupe de la Banque africaine de Développement alternativement à Abidjan ou dans un des autres pays membres africains. Le Groupe de la Banque est constitué de deux entités, la Banque africaine de Développement (BAD) qui prête aux pays africains « riches » grâce aux emprunts qu'elle-même réalise sur les marchés internationaux de capital. Les réformes réalisées par M. Kabbaj ont donné une telle crédibilité à la Banque qu'elle a unanimement bénéficié de la note triple A+ auprès de toutes les agences de notation. Elle a pu ainsi emprunter à un taux largement inférieur au Libor et donc prêter à ses pays éligibles à un taux à peine supérieur à celui-ci. Le Fonds africain de développement (FAD) qui se finance à partir de ressources concessionnelles collectées auprès des pays développés d'Amérique d'Asie et d'Europe prête à des taux égaux ou inférieurs à 1 % sur des périodes de 50 ans aux pays pauvres du continent.

Durant cette période, la Mauritanie qui n'a accès qu'aux ressources du FAD fut quelque peu ostracisée par les pays occidentaux et en particulier les États-Unis du fait du soutien qu'elle aurait apporté à l'Irak. Seuls ses projets d'éducation et de santé n'étaient pas bloqués, mais aucun projet routier, agricole ou minier ne recevrait l'assentiment du Conseil d'administration.

En octobre 1999, sous Maaouya Ould Sid' Ahmed Taya, la Mauritanie devient le troisième pays arabe à nouer des relations diplomatiques avec Israël. Le mercredi suivant cette reconnaissance (qui était le mardi précédent), je reçus une longue lettre de Mme Alice Dear, administratrice des États-Unis, vantant les grands mérites de la Mauritanie et la priorité de tous ses projets dans les ressources du FAD. Plus tard, elle me proposa d'augmenter les ressources destinées à la Mauritanie en prélevant sur les ressources allouées à la République démocratique du Congo, à l'époque en plein marasme. Je compris l'extrême importance de l'État d'Israël pour les États-Unis…

La crise de hoquet

Si ma vie au bureau était bien remplie et organisée, ma vie en dehors l'était moins. Je n'avais pas de liens particuliers avec l'ambassade et ne connaissais pas de monde en dehors du travail. Je finis par rencontrer un planton de l'ambassade qui s'appelait Abdou qui prit l'habitude de venir chez moi tous les week-ends. Un jour, il m'informa qu'Alfadi, le célèbre couturier allait présenter sa collection à l'hôtel Ivoire. Alfadi est né à Timbuktu de parents d'origine maure et je l'ai invité à venir manger du couscous avec moi le lendemain. Abdou m'a fait connaître une famille maure à laquelle je suis d'ailleurs apparenté, dont la femme pouvait préparer ce couscous. Alfadi est venu, accompagné de trois jeunes femmes dont l'une, plus âgée, est sa cousine et les deux autres des Mauritano-Ivoiriennes qui avaient pris part à l'événement organisé par le couturier. Depuis, chaque fois qu'il revenait à Abidjan, il me rendait visite. L'histoire de ces jeunes filles se répète fréquemment en Côte d'Ivoire ; les hommes viennent tenir boutique pendant quelques années, se marient localement et finissent par rentrer dans leur pays abandonnant femme et enfants. L'histoire de celles-ci est peut-être un peu plus triste, car leur père est décédé en Mauritanie, laissant en héritage dans son pays une maison et deux boutiques ; ses frères ont fait main basse sur cet héritage et ignoré ses enfants…

Les jeunes filles et leur jeune frère ont pris l'habitude de venir chez moi et parfois même d'y dormir. Elles habitaient avec leur maman et leur frère cadet à Abobo, quartier populaire d'Abidjan. Elles venaient au plateau à la recherche d'un emploi ou de quelque bonne fortune. Finalement, mon appartement ne désemplissait plus. D'autres Mauritaniens venaient saluer ou demander une assistance. J'ai souvent essayé de convaincre le frère des jeunes filles d'aller en Mauritanie pour connaître sa tribu, ses proches parents, mais il n'a jamais voulu. En réalité, ils avaient des papiers mauritaniens, mais ils sont profondément ivoiriens. Je rencontrais un autre mauritanien installé à Treichville, il possédait un restaurant. On l'appelait Mimo parce qu'il soutenait inconditionnellement l'ASEC Mimosas, club de football dont il était président du club des supporters. Il était homosexuel et amoureux de

Robert Redford ; un jour, il tomba sur une photo récente de l'acteur, celui-ci avait vieilli ; il prit sa tête entre ses mains et sanglota presque « qu'il est devenu laid » !...

Un jour, je fus pris d'une crise de hoquet qui refusa de s'arrêter pendant des jours. Le hoquet me réveillait dans mon sommeil. Plusieurs nuits, Abdou et Mahfoudh, un agent de l'ambassade, me promenaient tard le soir dans un Abidjan déjà désert pour me faire passer cette gêne. Puis Abdou me parla de sa belle-mère qui utilisait des soins traditionnels et me proposa de m'y conduire. Nous arrivâmes chez elle dans un petit village à 40 km à l'est d'Abidjan. Elle prit un morceau d'écorce, le brûla et le réduisit en poudre. Elle versa de l'eau chaude sur cette poudre dans une tasse et me tendit ce qui ressemblait à un café noir. Au moment où j'allais y tremper mes lèvres, elle me dit « attends », se pencha sur le bol et dit « Bismillah Rahmani Ramim ». Mon hoquet s'arrêta instantanément, la surprise d'entendre cette vieille du fin fond de la forêt africaine prononcer une formule musulmane rituelle ou l'efficacité de sa décoction ? Toujours est-il que le hoquet disparut.

Je menais une vie personnelle casanière. Je recevais de temps en temps des délégations officielles venant négocier des projets à la BAD, certains s'installaient avec moi et d'autres préféraient l'hôtel. Je servis deux mandats à la banque et puis je revins au pays.

RETOUR AU PAYS

Ould Deh

Conseiller auprès du ministère de 2002 jusqu'en 2004, j'ai gardé un souvenir assez pénible de cette courte période où j'étais à l'écart des décisions et même des consultations. Un des ministres de cette période recevait toujours tout seul les délégations étrangères, aucun directeur, aucun conseiller n'était présent. Peur qu'un de ses collaborateurs ne le concurrence au poste de ministre ou pour éviter de témoins éventuels de ses échanges avec les visiteurs ?

En 2004, Mohamed Mahmoud Ould Deh, un ancien officier de gendarmerie, compagnon de la première heure du coup d'État orchestré par Maaouya contre Haidalla, me proposa de l'assister dans la gestion d'une banque qu'il venait de créer… Monsieur Deh est un homme de l'Est. Les ressortissants de ces régions n'ont en général pas une idée des responsabilités d'un agent public, qu'il soit ministre ou simple fonctionnaire, et ils étaient d'ailleurs très peu représentés dans l'administration et dans les gouvernements. Sous la présidence de Maaouya, celui-ci voulut les associer à la conduite des affaires de l'État. Il aurait donné ce conseil à ceux qui feraient partie de ses gouvernements ou qui occuperaient des postes stratégiques « servez-vous (enrichissez-vous) et n'oubliez pas vos populations ». Ils ont parfaitement écouté la première partie de la recommandation et piétiné allègrement la seconde. L'objectif pour ces « élus » était de montrer à leurs populations leur large supériorité sur elles. C'était assez pathétique. J'ai eu l'occasion de visiter ces régions et voici ce que j'ai vu. Sur la Route de l'Espoir, après Kiffa, une superbe villa à étage perché sur le versant d'une petite montagne ; la maison est inhabitée, mais tous ceux qui prennent la route peuvent la voir et savent à qui elle appartient. Un peu plus loin dans la plaine, une maison isolée, elle aussi, aucun voyageur fatigué ne s'y est jamais reposé, son propriétaire n'y habite pas, il semble qu'il y est un gardien. Un autre a construit sa maison sur un pic surplombant son village natal dont les maisons en pierres et banco tombaient en ruines. Enfin, à Aioun al Atrouss, celui-ci a réalisé une belle villa spacieuse et moderne à l'entrée de la ville ; elle semble uniquement destinée à accueillir le président de la République ou les grosses pontes de l'État ou du Parti.

Le premier poste qu'a choisi Ould Deh, au lendemain du premier coup d'État, est celui de directeur général des Douanes ; il fut par la suite ministre chargé de l'Industrie et c'est à cette époque que je l'ai rencontré. J'étais directeur général du FND et j'ai troqué à son ministère un centre occupé par des femmes-artisans et qui appartenait au FND contre une usine de fabrication de vêtements.

BACIM-Bank

Bref, Monsieur Ould Deh s'est souvenu de moi et m'a invité à rejoindre sa banque comme conseiller. La BACIM a été fondée en 2002 suite à une « revendication des gens de l'Est » arguant que tous les pouvoirs économiques étaient aux mains des hommes d'affaires de l'Adrar. Ould Deh en était le principal actionnaire et le président. Ould Derwich, son partenaire, en est le directeur général. N'ayant aucune idée du fonctionnement d'une banque, il se contentait de prêter à des cousins ou à des connaissances de sorte que les impayés et les crédits douteux s'accumulaient. La banque fut privée pendant quelques jours de compenser avec les autres banques, en clair, elle n'avait pas la capacité d'honorer des chèques émis par elle et encaissés par d'autres banques. La Banque Centrale décida de lui envoyer un administrateur. Celui-ci ressemblait comme deux gouttes d'eau à tous les cadres de la BCM, c'est-à-dire qu'il a avalé à sa naissance un bâton rigide qui tenait lieu de colonne vertébrale ou comme on dit si joliment en Hassaniya « Âagued nouaçih » (contractant ses tempes). Il ne consulte personne, ne prend aucune initiative et trouve que le meilleur remède pour la banque est le sommeil... Finalement, M. Ould Deh obtint qu'il aille dormir à la Banque centrale et me demanda de prendre sa place.

Une anecdote au sujet des prêts consentis alors par la banque me fait, à la fois, rire et pleurer. Un cousin du président de la banque empruntait régulièrement de fortes sommes. Il était éleveur et vendeur de bétail en gros, chaque vente pouvait lui rapporter entre dix et quinze millions d'ouguiyas par trimestre. Devenu directeur général suite au départ de Ould Derwich, je convoque ce client pour lui demander remboursement. Il vient, accompagné de son frère, comptable dans le projet naissant d'Aftout Es-Sahli. M Ould Deh est présent. Je m'adresse au débiteur qui doit rembourser quelque 325 millions d'Ouguiyas ; son frère comptable prend la parole et demande un délai. « Le projet Aftout Es-Sahli n'a pas encore démarré, mais dès que les activités débuteront, nous vous rembourserons », dit-il. J'étais sidéré, car en langage clair, sa déclaration voulait dire qu'il allait voler l'argent du projet pour payer la banque ! Toujours est-il que je mis fin à ces crédits hasardeux et ciblais les salariés et les exportateurs de poisson. Les premiers sont les grandes victimes des pratiques bancaires, et, même s'ils n'ont que des besoins basiques, achat d'un réfrigérateur ou d'une cuisinière, etc., leurs salaires entraient régulièrement, j'ai calculé que la banque prélevait un tiers de leur salaire, ce qui lui assurait un revenu non négligeable. Ma deuxième cible est constituée d'exportateurs de la pêche artisanale. Ces personnes ont quotidiennement besoin de 4 à 5 millions d'Ouguiyas pour acheter le poisson auprès des pêcheurs, le conditionner et l'expédier par conteneurs à leurs clients européens, ceux-ci paieraient deux semaines après réception de la marchandise en devises versées sur le compte de l'expéditeur. L'opération était sûre, elle générait deux bénéfices, en intérêts bien sûr, mais aussi en disponibilités en devises qui permettaient à la banque de mettre ces devises à la disposition de ses clients importateurs. M. Ould Deh n'approuva d'abord pas cette politique, je lui expliquais qu'il ne pouvait pas continuer à payer son personnel à partir de son capital ou des dépôts de sa clientèle et que la banque devait réaliser des revenus pour ce faire. Il acquiesça faiblement.

Un vol légalisé

Les prêts étaient souvent garantis par des titres fonciers. Un jour que je menaçais un client de saisir sa maison s'il n'honorait pas ses engagements, il me répondit « Essaie voir, tu me trouveras devant toi, un fusil à la main… ». Je fis l'inventaire de toutes les sûretés que la Banque possédait dans le but de faire un bilan objectif de notre situation. Nous étions déjà en 2005 et Ould Abdel Aziz venait de prendre le pouvoir. Deux personnes de sa tribu se présentèrent à la banque munie d'un mandat délivré par la Banque centrale les chargeant de recouvrer les créances de notre institution, soi-disant de manière plus efficace que la banque. Ils firent main basse sur tous les titres fonciers en possession de la Bacim-Bank et commencèrent à négocier avec les propriétaires originaux de titres, proposant de le leur rendre contre une quelconque fraction de sa valeur. BACIM n'a, bien sûr, reçu aucun versement et ces personnes ont commencé à utiliser les ressources acquises pour construire un vaste domaine immobilier composé de villas et d'appartements qui se vendaient comme des petits pains. Repus, les deux frères coulent une retraite dorée sans jamais avoir été inquiétés…

Un nouvel associé à BACIM

Un jour, un nouvel associé entra dans la Banque. Je n'ai aucune idée des circonstances de son entrée, je sais que le capital de la Banque n'a pas été augmenté. Il s'agissait de Monsieur Ahmed Ould Mogueya. Les relations entre MM. Deh et Mogueya étaient ambigües et pour le moins étranges, mais c'est Ahmed Mogueya qui, désormais, semblait détenir le pouvoir.

Entretemps, une mission du réseau ECOBANK est arrivée pour explorer la possibilité d'acquérir BACIM et de s'installer en Mauritanie. Sa mission dura deux mois, mais M. Mogueiya ne semblait pas emballé et c'est lui qui avait pris le contrôle de la banque. D'ailleurs quelques jours plus tard, il me présenta la totalité des actions que Ould Deh lui aurait cédées pour que je signe cette transaction ; j'ai refusé, ma signature n'aurait de toute façon aucune valeur légale. Mes jours étaient désormais comptés à la direction générale… Nous nous séparâmes à l'amiable. Peu à près, M. Mogueya vendit la BACIM à ORABANK, un groupe ayant son siège à Lomé (Togo) et appartenant à Emerging Capital Partners, une holding d'investissements présent dans 44 pays africains.

RETOUR À LA CASE DÉPART

La « Vrissa » (la proie)

Retour à la case départ, conseiller aux investissements (?) auprès de mon ministère d'origine. Je vis venir des jeunes gens nommés à des fonctions de directeurs, etc. Je m'en félicitais ; voici, me suis-je dit, des personnes auxquelles je pourrais transmettre mon expérience. Je me trompais, ma présence les gênait. Ils étaient là pour l'argent, pour profiter des opportunités d'enrichissement que ces postes pouvaient fournir. Pour utiliser une expression populaire, je leur pompais l'air. Je compris. Un cousin est venu me raconter cette anecdote : son fils venait d'obtenir une maîtrise en sciences et il demanda à son ami d'enfance qui appartient au cercle tribal de Ould Abdel Aziz de trouver un emploi pour son garçon. Son ami répondit presque véhément « Hey ! Ce pays n'est qu'une "Vrissa" (carcasse/proie) dans laquelle nous avons planté nos crocs et nous n'avons pas le temps de partager ».

Un jour que je buvais le thé dans le bureau du directeur administratif et financier, un individu entra. C'était un homme grand, la peau très claire, très bien habillé, chaussant des chaussures en cuir hors de prix. Il demanda au directeur, « où est ma prime ? », celui-ci lui tendit une enveloppe. Après son départ, je demandais au directeur qui était cette personne, il n'appartenait certainement pas à notre ministère ; il me répondit, c'est un agent de renseignement, trois ministères au moins le payent, le ministère de l'Éducation nationale dont il est issu, le ministère de l'Intérieur et notre département. Oui, le pays n'était plus qu'une vaste carcasse que les hyènes se disputaient. Une « Vrissa »

Le « noble » voleur

L'absence de l'État atteint son point culminant à la suite d'une escroquerie immobilière organisée par un certain Cheikh Ridha. Ce monsieur qui prétend être un chérif, c'est-à-dire un descendant du prophète PSL a débarqué d'Arabie saoudite, en prétendant attendre un versement financier imminent de la part de ses amis ou obligés dans ce pays et réussit à réunir un petit groupe de fidèles autour de lui. Il s'en prit aux petites gens en leur proposant de leur payer à terme leur parcelle du terrain au triple de son prix sur le marché. Puis, son entreprise marchant, il s'attaqua aux propriétaires de maisons, toujours selon le même système. Il envoie ses agents qui proposent toujours un prix mirobolant aux propriétaires en attendant l'argent qu'il doit recevoir, soi-disant d'Arabie saoudite. Après quelques années d'escroquerie, les victimes portèrent plainte, immédiatement étouffée par Ould Abdel Aziz, président de la République, invoquant que Cheikh Ridha n'a jamais effectué une transaction directe avec les plaignants, point final. Comme on dit chez nous, les escrocs se reconnaissent entre eux, se racontent leurs exploits et s'applaudissent mutuellement. Cependant sous l'actuelle gouvernance, il fut sommé de payer, ce qu'il fit partiellement, mais il ne fit pas de prison, ni lui ni ses compères. Malgré tout, le Gouvernement vient même de le récompenser en lui attribuant l'exploitation des phosphates de Bofal. Bien sûr, aucun appel d'offres international n'a été réalisé et les populations locales n'ont pas été consultées…

La retraite

L'administration avait bien changé. Le pays était gouverné par des militaires qui comptaient bien transmettre le bâton de commandement uniquement au sein de leur institution. La démocratie n'était que façade. La société civile est en effet inexistante et la population est tributaire du bon vouloir de l'État.

Peu après, je fus admis à la retraite. J'aurais pu faire valoir mes années sabbatiques et celles passées à la BAD pour continuer encore huit ans dans l'administration, mais j'avais un profond sentiment de dégout de ce qu'était devenue cette administration. Brièvement, pour illustrer cette décadence de l'administration, mon ami et ancien collaborateur à la direction des financements a lui aussi été admis à la retraite. Quelques jours plus tard, il fut rappelé à la rescousse comme consultant. L'État lui verse mensuellement 700 000 ouguiyas pour s'acquitter des tâches qu'il remplissait pour un salaire mensuel, primes comprises, inférieur à 100 000 ouguiyas. Les personnes choisies pour le remplacer étaient incapables de rédiger une requête…

LOISIRS

Cinéma et télévision

Pour ma part, je rentrais chez moi. Je passais mon temps à regarder la télévision. Les après-midi, le soleil entrant par une petite fenêtre reflétait mon image sur celles de la télévision. À ce moment, je rêvais d'être peintre et de mettre sur toile la petite fenêtre, moi-même et mon image projetée sur celles de la télévision.

J'ai toujours été attiré par l'image. Jeunes, à Atar, avec mes camarades, nous regardions au cinéma Maston, les films indhous en noir et blanc qui mélangeaient chants d'amour et magie. Nous pleurions sur le destin tragique des amoureux qui ne sera levé que lorsque le héros pourra trouver le magicien suprême, seul capable de rompre la malédiction.

À Nouakchott, il y avait le cinéma le Jouad au Ksar et les salles Oasis et Hemmam à la capitale. Hammam est un célèbre poète en langue Hassaniya, connu pour la justesse de ces mots et particulièrement pour deux poèmes, l'un décrivant la création de la Mauritanie par Me Moktar Ould Daddah et l'autre, à la fin de sa vie, louangeant le prophète Mohamed PSL, le suppliant d'intercéder en sa faveur lors du jugement dernier.

La mode à ces temps-ci était aux westerns-spaghetti. J'ai épuisé ma part de Django et de Giuliano Gemma, leur acteur récurrent. Et tous les Hercule, les Maciste et autres titans. Parfois un James Bond ou un OSS 117. Bref, la culture ?!... Heureusement, je me suis rattrapé plus tard. Au Canada, j'ai regardé tous les films de Charlie Chaplin que la télévision présente dans le cinéclub du dimanche et presque tous les films sortis entre 1972 et 1976 au Québec. Plus tard, je profitais de mes missions pour voir les sorties à Paris ou ailleurs.

Lectures

Et puis, pour perdre le temps, je lisais aussi. J'ai relu les *Misérables*, le *Comte de Monte-Cristo*, *Germinal*, *Les raisins de la colère* de Steinbeck. Et, bien sûr, *L'Iliade* et *L'Odyssée*. J'ai fait la fortune de petits libraires en achetant tous les *San Antonio*, les *S.A.S.* (Son Altesse Sérénissime, Marco Linge) de Gérard de Villiers. Pourtant, ces dernières lectures, petits romans du racisme et de l'anti-arabisme, un des piliers de leur architecture littéraire. L'antisémitisme, aussi, n'est jamais loin. Le juif faisait vendre et est donc très présent, mais il ne sera jamais qu'un comparse fidèle comme l'est chez Largo Lynch, Winczlav Milan. On lui fait endosser aussi, souvent, les rôles d'usurier ou de receleur… antisémitisme discret, mais enraciné, compensé par un soutien aveugle à Israël.

J'ai épuisé mon goût de lecture en essayant de dépasser la page onze de *À la recherche du temps perdu*. Je n'ai pas eu plus de succès avec *Le Rouge et le Noir* ni avec *À l'est d'Eden*. Tous les romans ou presque sont passés entre mes mains. J'avais une préférence pour les romans policiers. Les Sherlock Holmes, Rouletabille, Arsène Lupin, Hercule Poirot et autres Miss Marple. Tous les Dashiel Hammet, Raymond Chandler et surtout Chester Himes et ses héros, mi-Pieds-Nickelés mi-Shaft ; j'ai adoré cette réplique d'Ed Cercueil à Fossoyeur « espèce de nègre mal blanchi ! ». Mais les romans d'anticipation étaient ma passion. De *Fondation* (Isaac Asimov) à *Les Fourmis* de Bernard Werber en passant par *Dune* de Frank Herbert, *Le Meilleur des Mondes* d'Adlous Huxley, ou *1984* de Georges Orwell et *Hypérion* de Dan Simmons, j'ai pratiquement tout lu, en français, parfois en anglais. J'ai peu exploré la littérature africaine, mais j'ai lu *L'Aventure ambigüe* de Cheikh Hamidou Kane où le suicide du héros m'a choqué ; le suicide n'est pas dans la culture africaine. *Pleure, ô pays bien-aimé* de Alan Paton et *Un turbulent silence* d'André Brink. De la littérature maghrébine, je n'ai lu que *Taha le fou, Taha le sage* de Tahar Ben Jelloun. Et puis, j'ai lu *Les croisades vues par les Arabes* d'Amin Malouf qui m'a littéralement assommé ; tout ce que j'avais appris sur les croisades et leurs missions libératrices venait de voler en éclat. Il ne s'agissait que de recherche de gloire et de fortune… ma mère me voyant plongé dans ces lectures disait souvent « Que Dieu nous préserve d'un savoir inutile ».

J'avais principalement trois livres de chevet *A study of History* d'Arnold Toynbee résumé par DC Sommerwell *Abridgement*, *History of Arabs* de Philip K. Hitti, et *Al Muqaddama* d'Ibn Khaldoun.

Mes lectures en arabe se limitaient au Coran. Je ne me fatigue jamais de sa lecture. Je lisais aussi ses interprétations par Ibnou Kethir et Al Qourtdoubi (Le Cordoban) et aussi les livres traitant de la « Sira » (l'histoire du prophète) comme Al Ghazawat (*Les Conquêtes*) d'Ahmed Al Bedewi (un Mauritanien) ou encore de la Sunna *Al Mouwadta* sur les « Hadiths » de l'Imam Malik. Mais peu de littérature arabe, parce que quasiment indisponible et en réalité aucun titre n'a attiré mon attention. Même *Le Passage des miracles* du Prix Nobel Naguib Mahfouz que j'ai eu entre les mains ne m'a plus ému que ça…

Échecs

Je jouais aussi aux échecs où avec quatre autres personnes, j'ai été sélectionné pour participer aux olympiades d'échecs de 1980 qui se tenaient à Salonique en Grèce. Bien que connaissant toutes les ouvertures et leurs variantes, que je récite pratiquement par cœur plus de 3 000 parties, je ne rapportais aucun point. La raison en est simple, je jouais aux échecs comme simple loisir, en face, je rencontrais des professionnels. Alors que j'affrontais un grand maître, celui-ci prit trente minutes pour réfléchir à son troisième coup, j'étais énervé, « qu'est-ce qu'il attend, ce con ? »… Et je perdis le fil du jeu et la partie.

La cigarette

Fumer semble avoir été mon loisir préféré. J'ai commencé à fumer au lycée de Rosso, une cigarette par ci, une autre par là. Je l'ai abandonné au lycée de Nouakchott. Puis, j'ai recommencé à fumer au Canada, soi-disant pour lutter contre le froid. J'ai même essayé la pipe pour me rendre plus mature et laissé pousser une barbe. Et, j'ai continué à fumer. Ma chance est que je ne pouvais pas aspirer la fumée. Maman dans un souci de me faire abandonner la cigarette me proposa de fumer le tabac traditionnel et me fit faire par un forgeron un très bel ensemble. Elle acheta du très bon tabac local. La façon de fumer le tabac local est différente. Une petite dose est insérée dans la pipe, on aspire une bouffée, une seule et on range la pipe. J'aspirais donc cette fumée et… m'évanouis. Je repris mes cigarettes. La mode était passée, les Américains et en général les Occidentaux ont mené des campagnes musclées contre ce fléau qu'ils ont d'ailleurs introduit. En tout cas, en Mauritanie, cette campagne doublée de l'interdit religieux que certains groupes attachaient à cette consommation la fit pratiquement disparaître, peu de mes connaissances continuaient à fumer. À leur invitation répétée de me joindre à eux, je leur servais la théorie suivante, « Ceux qui ont introduit la cigarette sont ceux-là mêmes qui veulent l'interdire et pour une raison simple, les réseaux de la drogue veulent créer un espace toujours plus grand pour leur marchandise, et les financements qu'ils donnent aux candidats dans les élections américaines sont plus substantiels. ». Des fois, je leur répondais, peut-être ne comprendront-ils pas, « Je suis comme notre père Adam, PSL, je n'ai aucune volonté » (We Lem nejid lehou âazma)…

Décès de Néma

Un événement dramatique m'a ramené à la réalité. Mon frère Nema venait de mourir. Néma était un jeune homme très beau et surtout poète à ces heures en langue hassaniya ; ces poèmes, en général courts et souvent improvisés pour illustrer la métrique jouée par les griots plaisaient et étaient souvent repris. Je n'étais pas fan ou connaisseur de la poésie hassaniya, mais j'aimais bien cette comptine :

« La lune est pleine,

Heureux celui,

Un hérisson se dandinant,

Va à la rencontre d'une promise »

Il fréquentait des gens du Trarza où la poésie avait acquis plusieurs lettres de noblesse dont celle, excusez-moi, de maîtresse ès futilité.

Je me permets de donner un exemple de cette futilité, car en plus, il décrit la beauté féminine telle qu'on la concevait jusqu'à la fin du vingtième siècle :

« Les femmes de N… ont des vergetures

Et des dents bien faites

C'est leur apanage, mes frères

Comme le sont aussi l'amabilité et l'hospitalité ».

Ce groupe passait son temps à fréquenter les griots et à essayer parfois « d'assécher » une métrique. Il s'agissait d'inventer dans une métrique donnée des vers de sorte à épuiser la rime dans cette métrique. On disait d'elle « ägret », ne produit plus, comme une femelle qui n'accouche plus. Ainsi a-t-il déclamé des vers devenus célèbres dans la rime se terminant par « weygue ».

Peu à peu, il se perdit dans la poésie, les soirées animées de griots et de griottes, et quand il flattait l'un deux, l'autre protestait de jalousie. Ainsi fut-il de Saddoum et de Dimi, deux stars aux voix exquises, surtout Dimi qui eut presque une carrière internationale. Ici, j'imagine la cause de son décès. À force de rester assis, il eut une douloureuse contracture à la cuisse, et il criait de douleur. Ces camarades le transportèrent à l'hôpital Kissy. Il était tard et il n'y avait de permanence qu'un aide-infirmier. Celui-ci lui injecta une piqûre antidouleur et son cœur lâcha. Ce fut la deuxième fois qu'un de mes frères fut victime d'une négligence hospitalière. À chacune de ces tragédies, ma culture occidentale me commanda de porter plainte. J'avais en mémoire cette Américaine dont la plainte contre le métro de New York a fait jurisprudence ; elle s'était cassé la jambe en voulant monter dans le train, or en descendant des quais, elle tomba et se cassa la jambe, l'autorité responsable du métro avait omis de signaler une marche… Ou encore, moi-même en train d'attendre mon avion à l'aéroport de Dulles. En face, une série de montres indiquaient l'heure, mais deux d'entre elles étaient barrées par une croix indiquant qu'elles étaient hors d'usage. Ainsi, j'avais le droit de porter plainte dans les deux cas pour négligence. Cependant, ma culture musulmane me disait c'est la volonté d'Allah. Bien sûr, tout est la volonté d'Allah. Mais cette expression n'est qu'une excuse et le reflet d'une paresse qui a contaminé chaque membre de cette société.

Perdition

Un des amis de Néma revint tous les jours que dura le deuil (trois). Il s'agissait d'un officier de l'armée avec lequel Néma a partagé l'école militaire de Meknès. Le lendemain de la fin du deuil, il m'invita chez lui. Il habitait une grande maison à étage dans lequel se trouve son appartement privé. Sa femme et ses enfants habitaient la maison, mais lui-même s'y trouvait rarement. Il avait loué un appartement en ville. Ces amis s'y rencontraient. Le groupe comprenait un magistrat, un avocat, un ingénieur et quelques autres. Leur point commun est de ne pas avoir supporté la pression des responsabilités auxquelles leur degré d'instruction et leur naissance les destinaient. J'en ai fait l'expérience. Un jour, le président de la République, M. Maaouya, m'invita à venir le rencontrer à son domicile ; je le soupçonnais de vouloir me confier une responsabilité gouvernementale. Je fis ma toilette et je pris un verre de whisky bien tassé. Le président m'accueillit et sa femme (sa première) me servit un coca. Le Président s'informa de ma santé et ne me retint pas plus longtemps, il avait senti l'odeur de l'alcool.

Nous passions la plupart de nos soirées à la plage. Nous nous lancions dans des conversations tout aussi futiles qu'interminables refaisant le monde. Je m'absentais souvent pour nager dans l'océan me relaxant en faisant de la planche. Mes camarades s'y sont habitués et ne s'inquiètent plus. La police qui fait sa police sur les plages à la recherche de nos semblables nous laissa en paix après avoir compris que nous comptions parmi nous un officier de l'armée qui les avait vertement admonestés. … Je me complaisais dans cette inconscience, traversée parfois par des regrets aussi courts que douloureux.

DÉLIQUESCENCE DE L'ÉTAT

La religion se perd dans l'ignorance

Je suis resté dix ans dans cette forme d'hibernation, je me suis éloigné de ma famille et de mes enfants et l'inévitable finit par se produire. Ma femme s'installa avec les enfants dans une maison qu'elle a eu l'intelligence de me faire construire quand j'étais à Abidjan.

Au sortir de mon sommeil, le pays avait bien changé. D'un Islam tolérant et plein d'humour, le pays a vu se développer des « Islams » où le savant n'est plus une référence et où la futilité prend souvent le pas. Ainsi, je suis allé chez un coiffeur et je lui ai demandé, après qu'il eut arrangé mes cheveux, de me raser la barbe, car il m'arrivait de paresser quelques jours et laisser mes poils pousser. Le coiffeur me répondit que, non, il ne pouvait le faire, car c'est « h'ram » (interdit). J'eus beau arguer que les plus grandes barbes étaient portées à l'époque du prophète par les mécréants et les juifs. J'essayais l'humour, car j'étais encore incrédule, en lui contant ce que des Ulémas (savants) avait répondu, alors qu'on les questionnait à propos de la barbe, qu'il n'avait trouvé de certain la concernant que le rasoir. Rien n'y fit. Une autre fois, un ami arabe étranger vint me rencontrer en visite d'affaires et nous décidâmes d'aller à la prière du vendredi ; durant sa prière, il s'assit, les fesses bien à la perpendiculaire de ses jambes pliées, un jeune homme vint et le renversa ; cette position serait soi-disant la position du peuple des enfers ; les Mauritaniens durant la prière s'asseyent de biais une fesse posée sur la jambe gauche et l'autre par terre. Bien que scandalisé, je ne pouvais faire un esclandre dans la mosquée. Nous partîmes…

Le président Ould Taya disait justement que le savoir semble s'être répandu instantanément dans le pays à telle enseigne que chacun posait un turban sur sa tête et commençait à dicter des « fatwas » !

Une administration inefficace

L'arabe était devenu depuis la seule langue officielle dans la Constitution de 1991 ; il n'arrivait cependant pas à s'affirmer comme langue de travail. Cela n'a pas empêché l'administration de recruter à tour de bras des personnes dites arabisantes. En particulier, dans l'enseignement et la magistrature. Pourtant l'échec de cette arabisation à marche forcée était visible, l'enseignement des sciences se faisait uniquement en français et le plus souvent la majorité des élèves ne le maîtrisaient pas suffisamment. Les fils de « de Gaulle » se sont trouvés en marge. L'État avait toujours besoin de leurs compétences, mais les postes décisionnaires étaient désormais de plus en plus occupés aux arabisants. Une des conséquences majeures de cet état est la déliquescence de l'administration et son remplacement par les projets. Il existe actuellement plus de 250 projets actifs. Ils ont rendu quasi inutiles les administrations dans des ministères tels que l'Éducation, la Santé, l'Agriculture, l'Élevage, ou encore l'Hydraulique, etc. Les seuls ministères ayant échappé à cette dislocation sont les ministères régaliens comme ceux de la Défense et de l'Intérieur. Malgré cette substitution, l'administration centrale a continué à croître avec la création de postes de directeurs généraux, grade auparavant réservé à des corps tels que la douane, les impôts ou la police. Le clientélisme imposait la création de plus en plus de fonctions jusqu'à ce que l'administration finisse par exploser comme la grenouille de la fable…

J'ai voulu améliorer ma retraite en essayant de répondre à des consultations dans mon domaine de compétence, j'y réussis une fois, mais mes commanditaires me firent comprendre qu'ils m'ont choisi exprès, car je devais partager ma rémunération. Je n'avais pas le choix, ils étaient le payeur. Une seconde fois, je fus choisi par la commission de sélection, mais un responsable attribua ce marché, à l'insu de cette commission à une de ses relations, et basta. Il n'y avait plus d'administration, les individus agissant hors de tout contrôle… « Trab Essiba

Quoi faire ?

Alors, je me mis à photographier les façades et les portes des maisons cossues. En marbre ou simili, chacune de leurs façades pouvait payer un logement à un citoyen moyen. Les portes sont en acajou et même en chêne (j'ai le droit d'exagérer) et ne s'ouvraient jamais pour le solliciteur ou le mendiant.

Parfois, je me plantais à un carrefour pour compter les voitures tout-terrain, je me rendis compte qu'elles sont simplement innombrables. En comparaison, les poignées des portières de ces véhicules semblent plus nombreuses que les poignées du riz que nous mangions chaque jour. D'autres fois, j'essayais de comptabiliser les infractions au Code de la route. C'est ainsi que s'est éparpillé l'argent public. Et l'autre argent…

Ce sont des activités aussi plaisantes que compter les moutons !

Nos dirigeants semblent avoir passé un contrat tacite avec les populations, « Nous ne vous interrogeons pas sur votre manque de civisme, ne nous interrogez pas sur notre gabegie ». Je me remémorais alors la réplique, presque une invective, d'un expert de la Banque mondiale « Écoute,

Bounena, ne m'embête pas avec la défense de ton administration, ton pays n'est pas géré, il est digéré ! ».

Je regardais la télévision plus de huit heures par jour. Aux informations, je regardais un clown grotesque gesticuler et tenter d'imposer sa régence au monde. Il avait le visage du Mal.

Oui, le « Trab Essiba » est vraiment devenu une « Vrissa » !

www.ingramcontent.com/pod-product-compliance
Lightning Source LLC
LaVergne TN
LVHW010934051026
849532LV00003B/972